Deutsch auf den Punkt gebracht

Christiane Althoff

Märchen, Sagen und Fabeln untersuchen

Klasse 5/6

Über die Autorin

Christiane Althoff, geboren 1975, Studium der Sozialwissenschaften und der Germanistik an der Westfälischen Wilhelms-Universität in Münster, danach Referendariat am Studienseminar für die Sek.I/II in Essen, nach 8 Jahren Lehrtätigkeit an Gymnasien und Gesamtschulen arbeitete sie zwei Jahre in Masar-e-Sharif (Afghanistan) in der Lehrerfortbildung und ist seit 2011 wieder in Nordrhein-Westfalen im Schuldienst an einer Gesamtschule tätig.

3. Auflage 2025
ISBN 978-3-8044-1216-3
PDF: 978-3-8044-5316-6

service@bange-verlag.de – www.bange-verlag.de

Umschlaggestaltung: Petra Michel, Essen
Zeichnungen: Rosanna Pradella, Ludwigsburg
Herstellung: Karin Schmid, Baldham
Druck und Weiterverarbeitung: Druckerei KOPA, Litauen

Inhalt

Den Lösungsteil findest du in der Heftmitte. Löse vorsichtig die Heftklammern, entnimm die Seiten. Danach drückst du die Heftklammern wieder zusammen.

Vorwort

Liebe Schülerin, lieber Schüler,

mit diesem Buch kannst du dich **schnell und gezielt** auf die Arbeit mit Märchen, Sagen und Fabeln vorbereiten. Du lernst die Merkmale kennen und übst, wie diese Texte untersucht werden.

Die vorliegende Lernhilfe erleichtert dir also den **Zugang zu diesen Textformen**, so dass du **schnell Lernerfolge** bei dir feststellen kannst.

Das Buch ist so aufgebaut, dass du dir den Stoff in wohldosierten Portionen selbst aneignen kannst. Die Seiten sind in zwei Spalten angelegt: links die Aufgaben, rechts das Material, mit dem gearbeitet wird. Das erleichtert dir die Übersicht. Wenn du die Einheit systematisch durcharbeitest, bekommst du eine **sichere Grundlage und ausreichende Kenntnisse, um deine Note zu verbessern**.

Jede Einheit besteht aus vier Teilen:
Wissen, Kurs, Training, Check.

1. Wissen: Hier erhältst du einen **Überblick über die wichtigsten Merkmale der jeweiligen Textform**. So bekommst du einen raschen Einblick, was in der Einheit vermittelt und geübt wird.

2. Kurs: In diesem Teil wird dir alles Schritt für Schritt vermittelt. Die Anordnung in zwei Spalten ermöglicht es dir, je nach deinem Kenntnisstand spezielle Aufgaben auszuwählen, mit denen du in der Schule immer wieder Schwierigkeiten hast. Andere, die keine Probleme bereiten, kannst du überspringen. Die Einheit muss also nicht immer der Reihenfolge der Aufgaben nach erarbeitet werden. Damit du dein Wissen festigst, empfehlen wir jedoch, alle Übungen durchzuarbeiten.

3. Training: Hier kannst du dich noch intensiver mit dem jeweiligen Lernstoff auseinandersetzen und eingehend für die anstehende Klassenarbeit üben.

4. Check: In diesem abschließenden Überprüfungsteil merkst du schnell, ob du alles beherrschst und fit für die Klassenarbeit bist: Teste dein Wissen! In der Tabelle am Schluss kannst du wie in einem Arbeitsprotokoll festhalten, welchen Lernstand du hast. Beantworte ehrlich, ob du das, was da steht, alles kannst. Wenn nicht, findest du Hinweise zum gezielten Wiederholen.

Zu allen Aufgaben findest du beispielhafte Lösungen in der Heftmitte – der Lösungsteil kann herausgelöst werden.

Viel Erfolg beim Durcharbeiten!

Was ist ein Märchen?

Das Thema Märchen ist für dich sicher nicht neu. Du wirst daher in diesem Kapitel einiges wiedererkennen, was du schon weißt, aber sicherlich auch vieles neu erfahren. Bevor du mithilfe von drei Märchen übst, findest du in dieser ersten Einheit die wichtigen Informationen.

Merkmale eines Märchens

Was ist eigentlich ein Märchen und wie unterscheidet es sich von anderen Geschichten?

- In Märchen gehen die Wirklichkeit und eine Wunderwelt ineinander über, in Märchen ist nichts unmöglich, so unterhalten sich z. B. Tiere mit Menschen.
- Der Ort und die Zeit der Handlung sind für den Leser unbekannt (irgendwo und irgendwann).
- Die Märchengestalten haben meistens keinen Namen.
- Es gibt eine klare Trennung zwischen Gut und Böse. Dazwischen gibt es nichts. Das gilt auch für andere Gegensätze, z. B. faul und fleißig oder arm und reich.
- Am Anfang steht oft eine Notlage, die der Märchenheld mit einer Aufgabe (oft einer gefährlichen Prüfung) lösen muss.
- Am Ende siegt im Märchen immer das Gute. Es wird für sein Handeln belohnt, das Böse bestraft.

„Was hast du vor, Königstochter, du schreist ja, dass sich ein Stein erbarmen möchte.“ Sie sah sich um, woher die Stimme käme, da erblickte sie einen Frosch, der seinen dicken hässlichen Kopf aus dem Wasser streckte. „Ach, du bist’s, alter Wasserpatscher“, sagte sie, „ich weine über meine goldene Kugel, die mir ins Wasser gefallen ist.“ (Aus: Der Froschkönig)

Vor einem großen Wald wohnte ein armer Holzhacker mit seiner Frau und seinen zwei Kindern; das Bübchen hieß Hänsel und das Mädchen Gretel. (Aus: Hänsel und Gretel)

Da sah der König seine Töchter kommen und fragte, ob der Soldat die Wahrheit gesagt hätte, und da sie sahen, dass sie verraten waren, so mussten sie alles eingestehen. Darauf fragte ihn der König, welche er zur Frau haben wollte. (Aus: Die zertanzten Schuhe)

Eine Witwe hatte zwei Töchter, davon war die eine schön und fleißig, die andere hässlich und faul. (Aus: Frau Holle)

Es war ein armer Bauersmann, der saß abends beim Herd und schürte das Feuer, und die Frau saß und spann. Da sprach er: „Wie ist’s so traurig, dass wir keine Kinder haben! Es ist so still bei uns, und in den andern Häusern ist’s so laut und lustig.“ (Aus: Daumesdick)

Von nun an getrauten sich die Räuber nicht weiter in das Haus, den vier Bremer Musikanten gefiel’s aber wohl darin, dass sie nicht wieder heraus wollten. (Aus: Die Bremer Stadtmusikanten)

Wissen

1 Märchen untersuchen

- Die Märchen wurden seit Jahrhunderten mündlich überliefert und erst spät aufgeschrieben, z. B. von den Brüdern Grimm.
- Weil eine Geschichte aus der Vergangenheit erzählt wird, stehen Märchen in der Regel im Präteritum.

Der Wolf drückte auf die Klinke, die Tür sprang auf, und er ging, ohne ein Wort zu sprechen, gerade zum Bett der Großmutter und verschluckte sie. (Aus: Rotkäppchen)

Eigenschaften von Märchenfiguren

Oft treten in Märchen die gleichen Figuren auf, z. B. eine Fee, Zwerge oder eine Hexe. Diese Figuren haben dann oft ganz bestimmte Fähigkeiten und Eigenschaften. Hier findest du einige dieser typischen Figuren, vielleicht fallen dir weitere ein:

Märchenfigur	typische Eigenschaften
Hexe	böse, brutal, hinterlistig
König	ein gutmütiger alter Mann, der seine Tochter an seinen Nachfolger verheiraten möchte
zwei Töchter	ein Gegensatzpaar, eine schön und gut, die andere hässlich und garstig
zwei oder drei Brüder	einer ist der arme und einfältige „Dummling“, der von dem/den anderen nicht ernst genommen wird
Prinz	ein verständnisvoller Mann, der keine Prinzessin heiraten will, sondern eine Frau, die er liebt

Die Alte hatte sich nur so freundlich angestellt, sie war aber eine böse **Hexe**, die den Kindern auflauerte, und hatte das Brothäuslein bloß gebaut, um sie herbeizulocken. Wenn eins in ihre Gewalt kam, so machte sie es tot, kochte es und aß es, und das war ihr Festtag. (Aus: Hänsel und Gretel)

Der **König**, der sein liebes Kind vor dem Unglück gerne bewahren wollte, ließ den Befehl ausgeben, dass alle Spindeln im ganzen Königreich verbrannt werden sollen. (Aus: Dornröschen)

Das **Mädchen** erzählte alles, was ihm begegnet war, und als die Mutter hörte, wie es zu dem großen Reichtum gekommen war, wollte sie auch der **anderen** hässlichen und faulen **Tochter** gerne dasselbe Glück verschaffen. (Aus: Frau Holle)

Ein Vater hatte **zwei Söhne**, davon war der älteste klug und gescheit und wusste sich in alles wohl zu schicken, der jüngste aber war dumm, konnte nichts begreifen und lernen. (Aus: Märchen von einem, der auszog, das Fürchten zu lernen)

Es geschah aber, dass ein **Königssohn** in den Wald geriet und zu dem Zwergenhaus kam, da zu übernachten. Er sah auf dem Berg den Sarg und das schöne Schneewittchen darin und las, was mit goldenen Buchstaben darauf geschrieben war. Da sprach er zu den Zwergen: „Lasst mir den Sarg, ich will euch geben, was ihr dafür wollt.“ (Aus: Schneewittchen)

1 Märchen untersuchen

Märchen-figur	typische Eigenschaften
Kobold, Gnom	ein hässlicher kleiner Kerl, der Böses im Schilde führt
Zwerge	etwas naive Gestalten, die dem Guten helfen wollen (Helferfigur)
Fee	kann mit übernatürlichen Kräften Wünsche erfüllen, aber auch böse sein

„Heute back' ich, morgen brau' ich, übermorgen hol' ich der Königin ihr Kind; ach, wie gut, dass niemand weiß, dass ich **Rumpelstilzchen** heiß'!" (Aus: Rumpelstilzchen)

Die **Zwerglein**, wie sie abends nach Hause kamen, fanden Schneewittchen auf der Erde liegen, und es ging kein Atem mehr aus seinem Mund, und es war tot. Sie hoben es auf, suchten, ob sie was Giftiges fänden, schnürten es auf, kämmten ihm die Haare, wuschen es mit Wasser und Wein, aber es half alles nichts; das liebe Kind war tot und blieb tot. (Aus: Schneewittchen)

Das Fest wurde mit aller Pracht gefeiert, und als es zu Ende war, beschenkten die **Feen** das Kind mit ihren Zaubergaben. Die eine gab Tugend, die andere Schönheit, die dritte Reichtum und so alles, was auf der Welt zu wünschen ist. Als die elfte Fee ihr Geschenk gegeben hatte, erschien plötzlich die **dreizehnte Fee** im Saal. Sie wollte sich dafür rächen, dass sie nicht eingeladen war, und ohne jemand zu grüßen oder nur anzusehen, sprach sie mit lauter Stimme: „Die Königstochter soll sich in ihrem fünfzehnten Jahr an einer Spindel stechen und tot niederfallen." (Aus: Dornröschen)

Nacherzählen von Märchen

Für die Nacherzählung, egal ob man sie mündlich oder schriftlich macht, muss man bestimmte Regeln einhalten. Rechts findest du eine Reihenfolge, nach der du immer vorgehen solltest.

Fahrplan zum Nacherzählen

1. Vor der Nacherzählung teilt man sich das Märchen (am besten mit dem Bleistift im Text) in die **Ausgangssituation** (das Ereignis am Anfang), die Gefahren oder die **Prüfung**, die bestanden werden muss, und das **Ziel**, mit dem am Ende die Mühe belohnt wird, ein.
2. Am Anfang erzählt man, wer das Märchen geschrieben hat und wie es heißt.
3. Dann erzählt man die **drei Schritte (Anfang, Prüfung, Ende)** in der Reihenfolge.
4. Wichtig ist, dass man mit eigenen Worten erzählt und nicht den Text vorliest.
5. Außerdem muss man darauf achten, dass man nichts Wichtiges weglässt, aber auch nichts erfindet, was nicht im Märchen steht.

Kurs 1 Märchen untersuchen

1 Lies das Märchen „Die Bienenkönigin“ zunächst aufmerksam durch.

2 Nimm dir nun einen Bleistift und teile das Märchen in drei Abschnitte: Wo findest du die Ausgangslage, wo die Prüfung und wo das Ende, in dem das Gute belohnt wird?

Die Bienenkönigin

Zwei Königssöhne gingen einmal auf ein Abenteuer und gerieten in ein wildes, wüstes Leben, so dass sie gar nicht wieder nach Haus kamen. Der jüngste, welcher der Dummling hieß, machte sich auf und suchte seine Brüder; aber wie er sie endlich fand, verspotteten sie ihn, dass er mit seiner Einfalt sich durch die Welt schlagen wollte, und sie zwei könnten nicht durchkommen und wären doch viel klüger. Sie zogen alle drei miteinander fort und kamen an einen Ameisenhaufen. Die zwei ältesten wollten ihn aufwühlen und sehen, wie die kleinen Ameisen in der Angst herumkröchen und ihre Eier forttrügen, aber der Dummling sagte: „Lasst die Tiere in Frieden, ich leid's nicht, dass ihr sie stört.“ Da gingen sie weiter und kamen an einen See, auf dem schwammen viele, viele Enten. Die zwei Brüder wollten ein paar fangen und braten, aber der Dummling ließ es nicht zu und sprach: „Lasst die Tiere in Frieden, ich leid's nicht, dass ihr sie tötet.“ Endlich kamen sie an ein Bienennest, darin war so viel Honig, dass er am Stamm herunterlief. Die zwei wollten Feuer unter den Baum legen und die Bienen ersticken, damit sie den Honig wegnehmen könnten. Der Dummling hielt sie aber wieder ab und sprach: „Lasst die Tiere in Frieden, ich leid's nicht, dass ihr sie verbrennt.“ Endlich kamen die drei Brüder in ein Schloss, wo in den Ställen lauter steinerne Pferde standen, auch war kein Mensch zu sehen, und sie gingen durch alle Säle, bis sie vor eine Tür am Ende kamen, davor hingen drei Schlösser; es war aber mitten in der Tür ein Lädlein, dadurch konnte man in die Stube sehen. Da sahen sie ein graues Männchen, das an einem Tisch saß. Sie riefen es an, einmal, zweimal, aber es hörte nicht, endlich riefen sie zum dritten Mal, da stand es auf, öffnete die Schlösser und kam heraus. Es sprach aber kein Wort, sondern führte sie zu einem reichbesetzten Tisch, und als sie gegessen und getrunken hatten, brachte es einen jeglichen in sein eigenes Schlafgemach. Am anderen Morgen kam das graue Männchen zu dem ältesten, winkte und leitete ihn zu einer steinernen Tafel, darauf standen drei Aufgaben geschrieben, wodurch das Schloss erlöst werden könnte. Die erste war: In dem Wald unter dem Moos lagen die Perlen der Königstochter, tausend an der Zahl, die mussten aufgesucht werden, und wenn vor Sonnenuntergang noch eine einzige fehlte, so ward der, welcher gesucht hatte, zu Stein. Der älteste ging hin und suchte den ganzen Tag, als aber der Tag zu Ende war, hatte er erst hundert gefunden, es geschah, wie auf der Tafel stand, er ward in Stein verwandelt. Am folgenden Tag unternahm der zweite Bruder das Abenteuer, es ging ihm aber nicht viel besser als dem ältesten, er fand nicht mehr als zweihundert Perlen und ward zu Stein. Endlich kam auch an den Dummling die Reihe, der suchte im Moos, es war aber so schwer, die Perlen zu finden, und es ging so langsam. Da setzte er sich auf einen Stein und weinte. Da kam der Ameisenkönig, dem er einmal das Leben erhalten hatte, mit fünftausend Ameisen, und es währte gar nicht lange, so hatten die kleinen Tiere die Perlen gefunden. Die zweite Aufgabe aber war, den Schlüssel zu der Schlafkammer der Königstochter aus der See zu holen. Wie der Dummling zur See kam, schwammen die Enten, die er einmal gerettet hatte, heran, tauchten unter und holten den Schlüssel aus der Tiefe. Die dritte Aufgabe aber war die schwerste, aus den drei schlafenden Töchtern des Königs sollte die jüngste und liebste herausgesucht werden. Sie glichen sich aber vollkommen und waren durch nichts verschieden, als dass sie, bevor sie eingeschlafen waren, verschiedene Süßigkeiten gegessen hatten, die älteste ein Stück Zucker, die zweite ein wenig Sirup, die jüngste einen Löffel voll Honig. Da kam die Bienenkönigin von den Bienen, die der Dummling vor dem Feuer geschützt hatte, und versuchte den Mund von allen dreien; zuletzt blieb sie auf dem Mund sitzen, der Honig gegessen hatte, und so erkannte der Königssohn die rechte. Da war der Zauber vorbei, alles war aus dem Schlaf erlöst, und wer von Stein war, erhielt seine menschliche Gestalt wieder. Und der Dummling vermählte sich mit der jüngsten und liebsten und ward König nach ihres Vaters Tod; seine zwei Brüder aber erhielten die beiden andern Schwestern.

Aus: Die Märchen der Brüder Grimm. Mit 100 Bildern von Ruth Koser-Michaels. Knaur Verlag. München 2003. S. 396 f.

3 **Untersuche die Handlung: Beschreibe die Situation der Brüder am Anfang. Wie ergeht es ihnen am Ende?**

4 Schau dir die typischen Merkmale aus dem Wissensteil an. Welche findest du in der „Bienenkönigin“ wieder? Schreibe die Merkmale in die Tabelle.

Merkmal eines Märchens	Wo findet sich dieses Merkmal in der „Bienenkönigin“?
Wirklichkeit und Wunderwelt gehen ineinander über.	
	Die einzige Zeitangabe ist das Wort „einmal“; auch der Ort wird dem Leser nicht genannt.

5 Fülle die rechts stehende Tabelle für die Figuren aus.

Märchenfigur	Eigenschaften
drei Brüder	
(Füge hier die Tiere ein!)	

6 a) In Aufgabe 2 hast du das Märchen in drei Abschnitte geteilt. Notiere nun zu jedem Abschnitt eine Überschrift. (Diese Überschriften helfen dir bei Aufgabe 6b, sie geben dir nämlich die Handlungsschritte, die du erzählen musst, vor.)

b) Schreibe deine Nacherzählung nun auf. Denke daran, im Präteritum und mit eigenen Worten zu schreiben.

7 Märchen haben manchmal eine Aussage/eine Moral, also etwas, das der Leser aus der Geschichte lernen soll. Dies wird aber im Märchen nicht offen gesagt. Wie könnte die Moral in diesem Märchen lauten?

1 Lies das Märchen „Der standhafte Zinnsoldat" zunächst aufmerksam durch.

2 Nimm dir nun einen Bleistift und teile das Märchen in die drei Abschnitte.

3 Untersuche das Aussehen des Zinnsoldaten: Wie sieht er in den einzelnen Phasen der Handlung aus?

4 Schau dir die typischen Merkmale eines Märchens aus dem Wissensteil nochmals an.

a) Welche findest du hier wieder? Belege dies jeweils auch mit einem Zitat aus dem Märchen.

b) Achtung: Es gibt auch einige Merkmale, die dieses Märchen nicht enthält. Welche sind das?

Der standhafte Zinnsoldat

Es waren einmal fünfundzwanzig Zinnsoldaten, die waren alle Brüder, denn sie waren aus einem alten zinnernen Löffel gemacht worden. Das Gewehr hielten sie im Arm und das Gesicht geradeaus; rot und blau, überaus herrlich war die Uniform; das Allererste, was sie in dieser Welt hörten, als der Deckel von der Schachtel genommen wurde, in der sie lagen, war das Wort „Zinnsoldaten!" Das rief ein kleiner Knabe und klatschte in die Hände; er hatte sie erhalten, denn es war sein Geburtstag, und er stellte sie nun auf dem Tische auf. Der eine Soldat glich dem andern leibhaft, nur ein einziger war etwas anders; er hatte nur ein Bein, denn er war zuletzt gegossen worden, und da war nicht mehr genug Zinn da; doch stand er ebenso fest auf seinem einen Bein wie die andern auf ihren zweien, und gerade er war es, der sich bemerkbar machte.

Auf dem Tisch, auf dem sie aufgestellt wurden, stand vieles andere Spielzeug; aber das, was am meisten in die Augen fiel, war ein niedliches Schloss von Papier; durch die kleinen Fenster konnte man gerade in die Säle hineinsehen. Draußen davor standen kleine Bäume rings um einen kleinen Spiegel, der wie ein kleiner See aussehen sollte. Schwäne von Wachs schwammen darauf und spiegelten sich. Das war alles niedlich, aber das Niedlichste war doch ein kleines Mädchen, das mitten in der offenen Schlosstür stand; sie war auch aus Papier ausgeschnitten, aber sie hatte ein schönes Kleid und ein kleines, schmales, blaues Band über den Schultern, gerade wie eine Schärpe; mitten in diesem saß ein glänzender Stern, gerade so groß wie ihr Gesicht.

Das kleine Mädchen streckte seine beiden Arme aus, denn es war eine Tänzerin, und dann hob es das eine Bein so hoch empor, dass der Zinnsoldat es durchaus nicht finden konnte und glaubte, dass es gerade wie er nur ein Bein habe.

„Das wäre eine Frau für mich", dachte er, „aber sie ist etwas vornehm, sie wohnt in einem Schloss, ich habe nur eine Schachtel, und da sind wir fünfundzwanzig darin, das ist kein Ort für sie, doch ich muss versuchen, Bekanntschaft mit ihr anzuknüpfen!" Und dann legte er sich, so lang er war, hinter eine Schnupftabakdose, die auf dem Tische stand. Da konnte er recht die kleine, feine Dame betrachten, die fortfuhr auf einem Bein zu stehen, ohne umzufallen.

Als es Abend wurde, kamen alle die andern Zinnsoldaten in ihre Schachtel, und die Leute im Hause gingen zu

Bette. Nun fing das Spielzeug an zu spielen, sowohl „Es kommt Besuch!“ als auch „Krieg führen“ und „Ball geben“; die Zinnsoldaten rasselten in der Schachtel, denn sie wollten mit dabei sein, aber sie konnten den Deckel nicht aufheben. Der Nussknacker schlug Purzelbäume, und der Griffel belustigte sich auf der Tafel; es war ein Lärm, dass der Kanarienvogel davon erwachte und anfing mitzusprechen, und zwar in Versen. Die beiden einzigen, die sich nicht von der Stelle bewegten, waren der Zinnsoldat und die Tänzerin; sie hielt sich gerade auf der Zehenspitze und beide Arme ausgestreckt; er war ebenso standhaft auf seinem einen Bein; seine Augen wandte er keinen Augenblick von ihr weg. Nun schlug die Uhr zwölf, und klatsch, da sprang der Deckel von der Schnupftabakdose auf, aber da war kein Tabak darin, nein, sondern ein kleiner, schwarzer Kobold.

Das war ein Kunststück! „Zinnsoldat“, sagte der Kobold, „halte deine Augen im Zaum!“ Aber der Zinnsoldat tat, als ob er es nicht hörte. „Ja, warte nur bis morgen!“, sagte der Kobold.

Als es nun Morgen wurde und die Kinder aufstanden, wurde der Zinnsoldat in das Fenster gestellt, und war es nun der Kobold oder der Zugwind, auf einmal flog das Fenster zu, und der Soldat stürzte drei Stockwerke tief hinunter. Das war eine erschreckliche Fahrt. Er streckte das Bein gerade in die Höhe und blieb auf der Helmspitze mit dem Bajonett abwärts zwischen den Pflastersteinen stecken.

Das Dienstmädchen und der kleine Knabe kamen sogleich herunter, um zu suchen; aber obgleich sie nahe daran waren, auf ihn zu treten, so konnten sie ihn doch nicht erblicken. Hätte der Zinnsoldat gerufen: „Hier bin ich!“, so hätten sie ihn wohl gefunden, aber er fand es nicht passend, laut zu schreien, weil er in Uniform war.

Nun fing es an zu regnen; die Tropfen fielen immer dichter, es ward ein ordentlicher Platzregen; als der zu Ende war, kamen zwei Straßenjungen vorbei. „Sieh du!“, sagte der eine, „da liegt ein Zinnsoldat! Der soll hinaus und segeln!“

Sie machten ein Boot aus einer Zeitung, setzten den Soldaten mitten hinein, und nun segelte er den Rinnstein hinunter; beide Knaben liefen nebenher und klatschten in die Hände. Was schlugen da die Wellen in dem Rinnstein, und welcher Strom war da! Ja, der Regen hatte aber auch geströmt. Das Papierboot schaukelte auf und nieder, mitunter drehte es sich so geschwind, dass der Zinnsoldat bebte; aber er blieb standhaft, verzog keine Miene, sah geradeaus und hielt das Gewehr im Arm.

Mit einem Male trieb das Boot unter eine lange Rinnsteinbrücke; da wurde es gerade so dunkel, als wäre er in seiner Schachtel. „Wohin mag ich nun kommen?“, dachte er. „Ja, ja, das ist es Kobolds Schuld! Ach, säße doch das kleine Mädchen hier im Boote, da könnte es meinetwegen noch einmal so dunkel sein!“

Da kam plötzlich eine große Wasserratte, die unter der Rinnsteinbrücke wohnte. „Hast du einen Pass?“, fragte die Ratte. „Her mit dem Pass!“ Aber der Zinnsoldat schwieg still und hielt das Gewehr noch fester. Das Boot fuhr davon und die Ratte hinterher. Hu, wie fletschte sie die Zähne und rief den Holzspänen und dem Stroh zu: „Halt auf! Halt auf! Er hat keinen Zoll bezahlt; und er hat den Pass nicht gezeigt!“

Aber die Strömung war stärker und stärker! Der Zinnsoldat konnte schon da, wo das Brett aufhörte, den hellen Tag erblicken, aber er hörte auch einen brausenden Ton, der wohl einen tapfern Mann erschrecken konnte. Denkt nur, der Rinnstein stürzte, wo die Brücke endete, gerade hinaus in einen großen Kanal; das würde für den armen Zinnsoldaten ebenso gefährlich gewesen sein, wie für uns einen großen Wasserfall hinunterzufahren!

Nun war er schon so nahe dabei, dass er nicht mehr anhalten konnte. Das Boot fuhr hinaus, der Zinnsoldat hielt sich so steif, wie er konnte; niemand sollte ihm nachsagen, dass er mit den Augen blinke. Das Boot schnurrte drei-, viermal herum und war bis zum Rande mit Wasser gefüllt, es musste sinken. Der Zinnsoldat stand bis zum Halse im Wasser, und tiefer und tiefer sank das Boot, mehr und mehr löste das Papier sich auf; nun ging das Wasser über des Soldaten Kopf. Da dachte er an die kleine, niedliche Tänzerin, die er nie mehr zu Gesicht bekommen sollte, und es klang vor des Zinnsoldaten Ohren das Lied: „Fahre, fahre Kriegsmann! Den Tod musst du erleiden!“

Nun ging das Papier entzwei, und der Zinnsoldat stürzte hindurch, wurde aber augenblicklich von einem großen Fisch verschlungen. Wie war es dunkel da drinnen!

Da war es noch schlimmer als unter der Rinnsteinbrücke, und dann war es so sehr eng; aber der Zinnsoldat war standhaft und lag, so lang er war, mit dem Gewehr im Arm.

Der Fisch fuhr umher, er machte die allerschrecklichsten Bewegungen; endlich wurde er ganz still, es fuhr wie ein Blitzstrahl durch ihn hin. Das Licht schien ganz klar, und jemand rief laut: „Der Zinnsoldat!“ Der Fisch war gefangen worden, auf den Markt gebracht, verkauft und in die Küche hinaufgekommen, wo die Köchin ihn mit einem großen Messer aufschnitt. Sie nahm mit zwei Fingern den Soldaten mitten um den Leib und trug ihn in die Stube hinein, wo alle den merkwürdigen Mann sehen wollten, der im Magen eines Fisches hergereist war; aber der Zinnsoldat war gar nicht stolz. Sie stellten ihn auf den Tisch und da – wie sonderbar kann es doch in der Welt zugehen! Der Zinnsoldat war in derselben Stube, in der er früher gewesen war, er sah dieselben Kinder, und das gleiche Spielzeug stand auf dem Tische, dass herrliche Schloss mit der niedlichen, kleinen Tänzerin. Die hielt sich noch auf dem einen Bein und hatte das andere hoch in der Luft, sie war auch standhaft. Das rührte den Zinnsoldaten, er war nahe daran, Zinn zu weinen, aber es schickte sich nicht. Er sah sie an, aber sie sagten gar nichts.

Da nahm der eine der kleinen Knaben den Soldaten und warf ihn gerade in den Ofen, obwohl er gar keinen Grund dafür hatte; es war sicher der Kobold in der Dose, der schuld daran war.

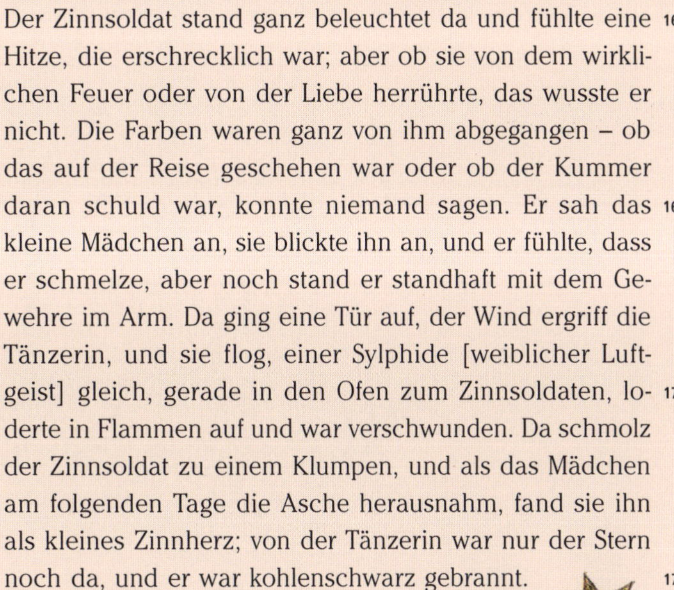

Der Zinnsoldat stand ganz beleuchtet da und fühlte eine Hitze, die erschrecklich war; aber ob sie von dem wirklichen Feuer oder von der Liebe herrührte, das wusste er nicht. Die Farben waren ganz von ihm abgegangen – ob das auf der Reise geschehen war oder ob der Kummer daran schuld war, konnte niemand sagen. Er sah das kleine Mädchen an, sie blickte ihn an, und er fühlte, dass er schmelze, aber noch stand er standhaft mit dem Gewehre im Arm. Da ging eine Tür auf, der Wind ergriff die Tänzerin, und sie flog, einer Sylphide [weiblicher Luftgeist] gleich, gerade in den Ofen zum Zinnsoldaten, loderte in Flammen auf und war verschwunden. Da schmolz der Zinnsoldat zu einem Klumpen, und als das Mädchen am folgenden Tage die Asche herausnahm, fand sie ihn als kleines Zinnherz; von der Tänzerin war nur der Stern noch da, und er war kohlenschwarz gebrannt.

Aus: Andersens Märchen. Mit den Illustrationen von Ruth Köser-Michaels. Knaur Verlag. München 2003. S. 22–27.

5 a) „Der standhafte Zinnsoldat“ ist kein Märchen mit den typischen Figuren, die du im Teil Wissen und im Kurs kennengelernt hast. Welche Figuren kommen in diesem Märchen vor? Fülle die Tabelle mit Figuren und ihren Eigenschaften aus.

Märchenfigur	Eigenschaften

b) Fertige eine Nacherzählung an.

1 Lies das Märchen aufmerksam durch. Woran erkennst du, dass es sich um ein Märchen handelt?

2 Es handelt sich bei „Ali Baba und die vierzig Räuber" um eine Märchen aus 1001 Nacht, also aus den arabischen Ländern. Woran kann man das im Text erkennen? Nutze die Randspalte für Notizen.

3 Welche Charaktereigenschaften hat Ali Baba, welche hat Kasim? Nutze die Randspalte für Notizen.

Die Geschichte von Ali Baba und den vierzig Räubern

Es lebten einst in einer Stadt in Persien zwei Brüder, von denen der eine Kasim hieß und der andere Ali Baba. Als es Allah gefiel, ihren guten Vater abzuberufen von dieser Erde, teilten sie, was er ihnen hinterließ, gerecht in zwei Teile. Es war dies freilich wenig, doch hätten sie es zusammengehalten und fleißig gemehrt, so wäre es zur Grundlage eines zwar nicht reichen, doch auch nicht ärmlichen Lebens geworden. Nun waren aber beide Brüder ein wenig leichtsinnig von Natur. Sie träumten von Reichtum, Glanz und gutem Leben, und dieweil sie das taten, verschwendeten sie ihr Erbteil und wurden arm.

Kasim, der entschlossenere und gierigere von beiden, wollte nun das Glück erzwingen und heiratete ein dickes Mädchen, das reich war; bald darauf starb des Mädchens Vater, ein Kaufmann, und da sah er sich im Besitz beträchtlicher irdischer Güter. So schien ihm alles nach Wunsch zu gehen. Doch statt sich hinfort seines Lebens zu freuen, plagte ihn arg die Angst vor neuer Armut, und so wurde er geizig.

Anders war Ali Baba. Er tat nichts, das Glück zu zwingen, und hatte es schwer. Aber er war heiteren Herzens und guter Gesinnung. Auch er vermählte sich, doch war dies ein Mädchen, anmutig von Gestalt und angenehmen Wesens, das noch ärmer war als er. So hausten denn die beiden in einer erbärmlichen Hütte, und Ali Baba verdiente sich sein kümmerliches Brot, indem er Feuerholz verkaufte, das er in den Wäldern schlug und sammelte und auf seinem Esel zu Markte trug. Doch er blieb fröhlich und ein wenig verträumt, wie er immer gewesen war, und fest überzeugt, es würde einmal ein Wunder geschehen, das seine Wünsche erfüllte. Nicht sehr tüchtig also, doch guten Mutes, das Herz von Träumen genährt, zog er mit seinem Esel über die einsamen Waldwege und staubigen Straßen.

Es begab sich aber eines Tages, dass er auf seinem Waldgang von ferne Reiter gewahrte, die in scharfem Trab herankamen und schwer bewaffnet waren. Ali Baba erschrak, denn er fürchtete, es könnten Räuber sein; allerlei Banden nämlich trieben damals in jener Gegend ihr Wesen. Verwegen waren sie und scheuten weder Tod noch Teufel; es begann aber bei ihnen mit Diebstahl und endete mit Mord. Da Ali Baba mit seinem Esel keine Möglichkeit der Flucht mehr sah, trieb er das Tier hinter ein Gebüsch und erkletterte einen dicken Baum, um sich in seinen Zweigen zu verstecken. Er setzte sich auf einen

Ast, von dem aus er gute Sicht hatte, während ihn von unten niemand zu erblicken vermochte.

Neben diesem Baum ragte ein Felsen auf, und er türmte sich hoch empor über die Wipfel des Waldes. Als nun die Reiter, kräftige und behände Männer, den Felsen erreichten, machten sie Halt und sprangen von den Pferden. Ali Baba betrachtete sie von seiner luftigen Höhe wie ein Vogel, der aus dem Nest späht, und er schloss aus ihrem Gebaren und ihrem verwilderten Aussehen, dass es wirklich Räuber waren, die wahrscheinlich eine Karawane überfallen hatten und nun ihre Beute brachten, um sie in einem Versteck zu bergen. Es waren aber vierzig an der Zahl. Ein jeder von ihnen fesselte zuerst sein Pferd, indem er ihm die Vorderfüße zusammenband. Dann nahmen die Räuber die Satteltaschen ab, und Ali Baba sah, dass sie gefüllt waren mit Gold und Silber.

Und einer der Räuber, der ihr Hauptmann zu sein schien, schritt mit seiner Last auf der Schulter zur Felswand, drang durch die Dornen und Büsche bis zu einer bestimmten Stelle und rief die seltsamen Worte: „Sesam, öffne dich!“

Im selben Augenblick aber schien im Gestein ein Tor. Und die Räuber traten hindurch, und als auch der Hauptmann, der als letzter hineinging, verschwunden war, schloss sich hinter ihm wie von selber die Pforte.

Lange blieben die Räuber in der Höhle, während Ali Baba weiter auf seinem Ast saß, denn er fürchtete, dass gerade, wenn er hinabstieg, die Bande wieder zum Vorschein kommen und ihn erschlagen würde. Als er aber endlich den Entschluss gefasst hatte, hinabzuklettern, sich auf eines der Pferde zu schwingen, seinen Esel mitzuzerren und davonzugaloppieren, siehe, da tat das Tor sich auf.

Als erster trat der Hauptmann heraus, blieb am Eingang stehen, zählte seine Leute, die einzeln herauskamen, und rief dann die Zauberworte: „Sesam, schließe dich!“

Und das Tor schloss sich. Noch einmal nahm er die Musterung seiner Leute vor, dann schirrten sie die Satteltaschen an, entfesselten die Pferde, saßen auf und ritten von dannen, wie sie gekommen waren. Als sie Ali Babas Augen entschwunden waren und keine Gefahr mehr bestand, dass einer von ihnen zurückkehrte, bedachte er alles und sprach bei sich in seiner Seele: „Einer sonderbaren Sache bin ich da auf die Spur gekommen! Vielleicht ist dies die Gelegenheit, auf die ich immer gewartet habe. Denn in geheimnisvolle Zusammenhänge scheine ich geraten, und wenn die Höhle sich öffnete durch des Banditen Zauberwort – wer weiß, ob sie sich nicht auch vor mir auftut, wenn ich jenes Schlüsselwort spreche!“ Und er stieg herab, trat vor die Felsenwand und rief mit lauter Stimme: „Sesam, öffne dich!“

Und das Tor flog auf, und er trat in die Höhle der Räuber. Es war dies aber eine seltsame Höhle, mächtig gewölbt und beleuchtet von einem Licht, das aus der Wand zu kommen schien und für Ali Baba ein Rätsel blieb. Auch blieb ihm verborgen, auf welche Weise sich die Felswand bewegte und wie sich das Tor zu öffnen und zu schließen vermochte. Und Ali Baba wunderte sich bis an die Grenze der Verwunderung. Doch nicht einer Zaubergrotte glich der Raum, sondern einem von Menschenhand kunstvoll erbauten Saal.

Es lagerten gewaltige Lasten von kostbaren Tuchen und Teppichen, Ballen von Brokat und leuchtender Seide und Barren von Silber und Gefäße von Gold. Da gab es in ledernen Beuteln und hölzernen Truhen Diamanten und Perlen, da waren Töpfe und Krüge mit goldenen Münzen gefüllt, und es glänzte und glitzerte edles Geschmeide, Gemmen und Elfenbein, Ambra und Aloe, Safran und Sandelholz, Smaragd und Saphir, Amethyst und Türkis, Hyazinth und rote Korallen.

Und es war kein Ende der funkelnden Schätze. Ali Baba dachte bei sich, es müssten hier Generationen von Dieben und ganze Geschlechter von Räubern ihre Beute gehäuft und gestapelt haben, zu unausdenkbarem Reichtum.

Als Ali Baba alles gesehen hatte, da sprach er bei sich in seiner Seele: „O Allah, erleuchte mein verwirrtes Herz! Ehrlich war ich mein Leben lang und nie nahm ich auch nur ein Kupferstück, nur ein Steinchen, ach, nur ein Federchen, das mir nicht zukam. Doch ist es denn Diebstahl, den Dieben zu stehlen, und ist es Raub, den Räubern zu rauben? Diese Banditen werden gar nicht merken, wenn etwas fehlt, mir aber und meiner Frau wird schon ein kleines Beutelchen zu einem Leben in Frieden und Freuden verhelfen. Und wenn sie doch etwas merken, so sollen sie nur erfahren, dass unrechtes Gut von Übel ist und jedweder Räuber seinen Raum verliert über kurz oder lang, denn so will es Allah. Wie aber steht es dann mit mir? Und an wem bereichere ich mich?“

Dann sagte er sich: „Reichen Leuten, das ist gewiss, wurde dies alles gestohlen. Wenn sie es jemals wieder bekommen, nun, dann könnten sie schon ein wenig den Armen spenden, wie ich einer bin. Bekommen sie es aber nicht zurück, wie es sehr wahrscheinlich ist – nun, dann schadet es wohl nichts, ein wenig die Diebe zu schädigen. Ich kann es besser brauchen als sie."

Und er beschloss, nicht gar zu viel zu nehmen und auch der Edelsteine, Diademe und Schmuckstücke nicht zu achten. Doch einen Sack voll Goldmünzen lud er sich auf, rief: „Sesam, öffne dich!", trat durch die Pforte, rief: „Sesam, schließe dich!" und bepackte den Esel mit dem ledernen Sack voll Gold. Er häufte darüber Reiser und trockenes Holz, trieb seinen Esel und ging durch den Wald, bis er in die Stadt kam und sein Haus erreichte. (...)

Durch einen unglücklichen Umstand erfährt auch Ali Babas Bruder Kasim von der Höhle. Er ist vergisst allerdings vor lauter Freude über den Reichtum in der Höhle die Zauberworte, um sie verlassen zu können. So wird er von den Räubern erwischt und getötet. Seine Frau Mardschana – nun Witwe – zieht zu Ali Baba.

Die Räuber finden mit einer List heraus, woher Kasim von der Höhle wusste, und wollen nun auch Ali Baba töten. Dazu schleicht sich der Hauptmann als Geschäftsmann verkleidet in Ali Babas Haus. In den Ölkrügen, die er angeblich bei sich hat, haben sich die Räuber versteckt, um Ali Baba nachts heimlich zu ermorden.

„Ach", sagte Mardschana, „es ist dies eine sonderbare Nacht, und mein Herz ist so finster wie das Haus. Ich ging umher, um Öl zu suchen, denn die Lampen sind leer." Und sie seufzte. Da sagte Ali Babas Frau: „Was regst du dich so auf darum? Im Stall stehen Ölkrüge genug, nimm dir davon, was du brauchst, und bezahle es unserm Gast morgen in der Früh."

Mardschana dankte ihr für den Rat und wünschte eine gute Nacht, und Ali Babas Frau legte sich nieder und versuchte zu schlafen. Es waren aber beide Frauen voll Furcht, und keine von beiden wusste, warum. Während also Ali Baba schlief, seine Frau sich auf ihrem Lager wälzte und der Hauptmann, die Hand am Dolche, lauerte, dass die Zeit verging, trat Mardschana in den Stall, wo die Krüge standen. Als sie aber an das erste Gefäß herankam, hörte der Räuber, der darin verborgen war, die nahenden Schritte und glaubte, es sei der Hauptmann, auf den sie alle angespannt warteten, und er konnte sich nicht beherrschen und flüsterte: „Ist es so weit, dass wir herauskommen können?"

Als Mardschana unvermutet eine menschliche Stimme aus dem Kruge hörte, fuhr ihr ein heftiger Schreck in die Glieder; doch da sie nicht allein mutig und kaltblütig war,

sondern auch schlagfertig, erwiderte sie sogleich im Flüsterton: „Nein, bleib noch! Es ist noch nicht so weit!“ Und sie stand und zitterte ein wenig und dachte nach. (…)

Mardschana durchschaut, dass sich in den Krügen die Räuber versteckt halten. Brutal gießt sie in jeden Krug heißes Öl und tötet somit alle 40 Räuber. Der Hauptmann flüchtet, als er dies bemerkt. Als er mit einer weiteren List Ali Baba töten will, kommt auch er ums Leben. Ali Baba beschließt, die Höhle der Räuber nicht auszuräumen, sondern den Schatz liegen zu lassen. Er hat erkannt, wie viel Unglück der Schatz mit sich gebracht hat.

Aus: „Die Geschichte von Ali Baba und den vierzig Räubern“. In: Märchen aus 1001 Nacht. Mit den Illustrationen von Ruth und Martin Köser-Michaels. Knaur Verlag. München 2002. S. 234–281.

4 **Erzähle den ersten Teil des Märchens (bis Ali Baba mit dem Schatz nach Hause kommt) in eigenen Worten nach.**

Meine Kompetenzen

Was ich kann:	**Ja**	**Nein, nochmals üben, siehe**	
Die Merkmale der Textsorte Märchen benennen und die Merkmale mit Textbelegen nachweisen.			Seite 5 f.; S. 10: A 4; S. 12: A 4
Typische Figuren, die im Märchen auftreten können.			Seite 6 f.
Die Eigenschaften, die den Figuren zugeschrieben werden, kennen.			Seite 6 f.; S. 10: A 5; S. 16: A 5a
Ein Märchen in Abschnitte gliedern und diesen Überschriften geben.			Seite 7; S. 11: A 6a
Eine Nacherzählung zu einem Märchen schreiben.			Seite 7; S. 11: A 6b; S. 16: A 5b

Was ist eine Sage?

Hier eine Definition aus einem Schülerlexikon:
Sage, die (*Plural* die Sagen): Sagen sind erzählende Prosatexte, die – wie Märchen – zunächst nur mündlich verbreitet waren, bis sie schließlich schriftlich gesammelt wurden. Die erste große Sammlung ist im 19. Jahrhundert unter dem Titel „Deutsche Sagen" von den Brüdern Jacob und Wilhelm Grimm erstellt worden.

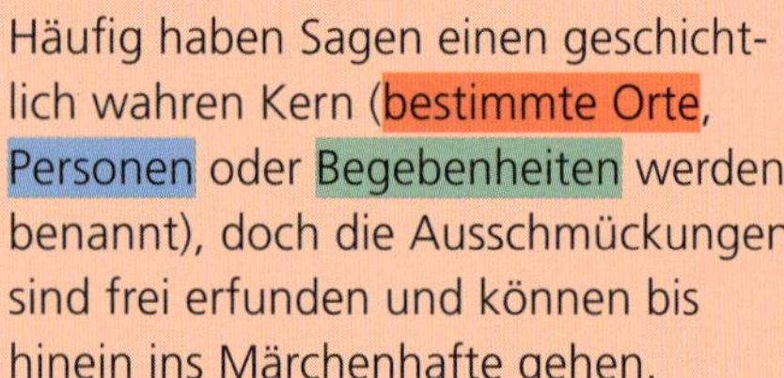

Häufig haben Sagen einen geschichtlich wahren Kern (bestimmte Orte, Personen oder Begebenheiten werden benannt), doch die Ausschmückungen sind frei erfunden und können bis hinein ins Märchenhafte gehen.

Die wichtigsten Sagenformen sind historische Sagen, die sich um ein bestimmtes geschichtliches Ereignis drehen, Götter- und Heldensagen sowie sogenannte Erklärungssagen, in denen versucht wird, bestimmte Phänomene (zum Beispiel eine auffällige Bergformation, die Entstehung eines Sees) aus dem Volksverständnis heraus zu erklären. Das christliche Gegenstück zur Sage ist die Legende.

Beispiele für historische Sagen

„Der Rattenfänger von Hameln"

Die Irrfahrt des Odysseus

Die „Ilias", die Sagen rund um den Trojanischen Krieg (u. a. die Sage zum Trojanischen Pferd)

Beispiele für Sagenformen

Die Nibelungensage, die im fünften Jahrhundert spielt und die mutigen Abenteuer von Siegfried und seiner Frau Kriemhild berichtet. Sie wurde um 1200 aufgeschrieben.

Die Sage von König Ödipus

Die Sage von Romulus und Remus, die die Gründung der Stadt Rom erklärt

1 Lies den Anfang des Zeitungsartikels aus dem Jahre 1990. Was ist die wichtigste Aussage des Artikels?

____

____

____

____

Nach dem Ausschnitt aus der Zeitung bist du jetzt sicherlich neugierig, was es mit der „Ilias" und dem Trojanischen Krieg auf sich hat. Daher hier nun der Anfang der Sage, die erklärt, warum es überhaupt zum Streit zwischen Griechenland und Troja kam.

2 Lies den Text gründlich und schlage alle dir unbekannten Begriffe in einem Lexikon oder einem Fremdwörterbuch nach.

3 Paris ist der Sohn des Königs von Troja. Wo war eigentlich Troja? Finde es mithilfe eines Lexikons oder des Internets heraus. Zu welchem Land gehört es heute?

4 Erkläre, warum Eris auf der Hochzeit des Peleus mit einem Apfel auftaucht. Was will sie damit erreichen?

5 Was bieten die drei Göttinnen Paris, wenn er sie zur Schönsten erklärt? Wie löst Aphrodite dieses Versprechen ein?

6 Erläutere den Anlass für den Kriegsbeginn zwischen Troja und den griechischen Stämmen.

Den Trojanischen Krieg gab es wohl doch

Tübinger Archäologe veröffentlicht Ergebnisse der Grabungskampagne in der antiken Ruinenstadt

Troja, 17. August (AP). Der Trojanische Krieg, der von Homer in seinem um 710 vor Christus entstandenen Epos „Ilias" beschrieben wurde, hat nach Auffassung des Tübinger Archäologen Manfred Korfmann einen „historischen Kern". Dies sei ein Ergebnis der unter seiner Leitung stehenden jüngsten Ausgrabungen in der antiken westanatolischen Ruinenstadt Troja, sagt der Prähistoriker. Bislang war der Wahrheitsgehalt in der Wissenschaft dagegen heftig umstritten.

Epos = ein großes Werk
Prähistoriker = ein Forscher, der sich mit antiker Geschichte beschäftigt
Aus: Frankfurter Rundschau vom 18.08.1990

Am Anfang stand die Zwietracht.

Als Peleus, der König von Phrygien, mit der Meernymphe Thetis Hochzeit feierte, wurden alle Götter zu Gast geladen. Nur Eris, die Göttin der Zwietracht, schloss man aus. Voller Zorn über solche Beleidigung erschien sie plötzlich auf dem fröhlichen Fest und warf mitten unter die Gäste einen goldenen Apfel mit der Aufschrift: „Für die Schönste!" Da entbrannte eifersüchtiger Streit unter den Göttinnen und schließlich beanspruchte eine jede, Hera, Athene und Aphrodite, den Preis für sich. Als keine vor der anderen zurücktreten wollte, sprach Zeus sein Machtwort: „Paris, ein Sohn des Trojanerkönigs Priamos, soll den Streit entscheiden."

Die drei Göttinnen begaben sich zum Berg Ida, wo der Jüngling die väterlichen Herden hütete, und jede von ihnen versuchte ihn für sich zu gewinnen. „Alle Macht auf Erden verspreche ich dir", begann Hera. – „Ich verheiße dir Ruhm unter den Menschen", fuhr Athene fort. – „Erkennst du mir den Preis zu", so sprach Aphrodite, „so wirst du durch mich die schönste Frau der Welt gewinnen."

Da entschied sich Paris für die Liebesgöttin, vor deren Schönheit und Anmut der Reiz der anderen erblasste; Hera und Athene aber wandten ihm beleidigt und voll göttlichen Zorns den Rücken.

Hier kannst du die Aufgaben 3–6 beantworten.

7 Was ist die geniale Idee, die Odysseus hat? Erkläre sie mit eigenen Worten.

Aphrodite geleitete ihren Schützling zu Schiff nach Europa hinüber, wo Paris beim König Menelaos von Sparta zu Gast war. Viele Wochen genoss er dort die Gastfreundschaft, doch er vergalt sie mit schändlichem Undank: Er beredete Helena, die schöne Gattin des Königs, mit ihm nach Troja zu entfliehen. Während Menelaos abwesend war, entführte er sie mit vielen Schätzen auf seinem Schiff.

Der betrogene Gatte wollte Rache für die erlittene Kränkung nehmen. Er rüstete zu einem gewaltigen Zug gegen Troja. Es wurde ihm nicht schwer, zahlreiche Helfer zu finden, denn als Tyndareos, Helenas Vater, sich einst unter den zahlreichen Freiern seiner Tochter Menelaos zum Schwiegersohn erwählte, hatte er alle anderen durch einen Eid verpflichtet, seinem zukünftigen Schwiegersohn stets zur Seite zu stehen. So kamen auf den Ruf des Menelaos sogleich dessen mächtiger Bruder Agamemnon, der über Mykene herrschte, der herrliche Achilleus, der gewaltige Aias, der listenreiche Odysseus von Ithaka, der greise Nestor von Pylos mit ihren Helden und viele andere tapfere Männer. Unter ihnen waren eine große Anzahl junger Königssöhne, die auf Abenteuer begierig waren. Keiner wollte fehlen, wo Ruhm und Beute winkten.

So rüsteten alle Stämme Griechenlands zum Kampf gegen Troja.

Der Krieg zwischen Troja und den Griechen wütet nun schon zehn Jahre lang, auf vielen Seiten sind viele Opfer zu beklagen. Ein Sieger ist aber immer noch nicht in Sicht. Da setzen die Trojaner eine List ein …

Das hölzerne Pferd

Zehn Jahre lagen die Griechen nun schon vor Troja, doch immer noch war kein Ende des furchtbaren Krieges abzusehen. An die Stelle Achills war sein Sohn Neoptolemos getreten. Inzwischen mussten die Belagerten auch Paris betrauern, den Urheber all des Unheils, das Griechen und Trojaner im Kampf um die Stadt erlitten hatten. Von einem Giftpfeil des Philoktetes getroffen, fand Paris den Tod in der Schlacht. Die Trojaner führte an Hektors Stelle jetzt der fromme Aineias, der Sohn der Aphrodite, der sich schon ruhmvoll im Kampf hervorgetan hatte. Apollon hauchte ihm Mut und Stärke ein, dass die Griechen unter schweren Verlusten zurückweichen mussten. Nur mit Mühe konnte Neoptolemos die schwierige Lage meistern.

8 Welche Gemeinsamkeiten gibt es zwischen dem Traum von Kalchas vom Habicht und der Taube sowie der Idee von Odysseus?

____

____

____

____

____

____

____

____

____

____

9 Die Griechen glauben, dass ihr ganzes Tun von den Göttern bestimmt und geleitet wird. Wo wird das in diesem Sagenauszug deutlich?

____

____

____

____

____

____

____

____

____

Unaufhörlich wogte der Streit hin und her. Erfolg und Misserfolg, Sieg und Niederlage verteilten die Götter auf beiden Seiten. Vergeblich versuchten die Griechen eine Entscheidung zu erzwingen. Aineias, der strahlende Held, war der stärkste Rückhalt der Trojaner.

Da rief Kalchas, der Seher, die vornehmsten Helden des griechischen Heeres zusammen. „Lasst ab von dem Versuch, die Stadt mit Gewalt zu nehmen", redete er zu ihnen, „denn so werdet ihr nie zum Ziel kommen! Besinnt euch lieber auf eine List, die euch den Erfolg bringen mag!" Zur Bekräftigung seiner Worte erzählte er ihnen von einem Traum, in dem er einen Habicht eine Taube verfolgen sah. Als das Tierchen in einem Felsspalt sicheren Schutz fand, verbarg sich der Raubvogel im nahen Gebüsch, bis das törichte Täubchen herausschlüpfte. Mit leichter Mühe packte er es nun und würgte es ohne Erbarmen. „Lasst uns diesen Vogel zum Vorbild nehmen", schloss Kalchas, lasst uns darauf sinnen, Troja nicht mit Gewalt zu erobern, sonders es einmal mit List zu versuchen!"

Keinem der Helden aber wollte eine List einfallen, wie man dem Krieg mit einer List ein Ende setzen könne. Schließlich hatte der schlaue Odysseus den erlösenden Einfall: „Lasst uns ein riesengroßes Pferd zimmern, in dessen Leib sich unsere edelsten Helden verbergen sollen. Durch einen scheinbaren Abzug unseres Heeres werden die Troer sich aus der Stadt herauslocken lassen." Der erfindungsreiche Held hatte seinen Plan bis in alle Einzelheiten zu Ende gedacht. Ein mutiger Mann, den keiner der Feinde kannte, sollte zurückbleiben, sich als Flüchtling ausgeben und den Troern das Lügenmärchen vortragen, er sei vor der frevelhaften Gewalt der Achaier geflohen, die ihn für ihre Rückkehr den Göttern als Opfer hätten schlachten wollen. Und habe er das Misstrauen der Troer überwunden, so solle er sie veranlassen, das hölzerne Pferd in die Mauern ihrer Stadt zu ziehen.

Als Odysseus ausgeredet hatte, lobten alle seinen erfindungsreichen Geist. „Du hast meine Worte richtig verstanden!", rief Kalchas anerkennend. Zugleich beobachtete er auch günstige Vorzeichen und zustimmende Donnerschläge des Zeus. „Geht sofort ans Werk, ihr Freunde!", rief er drängend.

Der kunstfertige Epeos übernahm die Leitung. Ihm war Pallas Athene im Traum erschienen. Sie trug ihm auf, das mächtige Ross aus Balken zu zimmern, und versprach ihm ihren Beistand. Eiligst schickten die Atriden in die waldreichen Täler des Idagebirges und ließen die stärksten Fichten fällen. Epeos zimmerte zuerst die Füße des

10 Die Griechen zünden am Ende ihr eigenes Lager an. Warum tun sie das?

11 Heutzutage spricht man am Computer manchmal von einem „Trojanischen Pferd" oder einem „Trojaner". Finde im Internet heraus, was damit gemeint ist, und erkläre, warum es so heißt.

Pferdes, dann den Bauch, fügte darüber den gewölbten Rücken, die Weichen und zuletzt den Hals mit dem mächtigen Kopf. Schweif und Haare, Ohren und Augen, nichts fehlte. Nur drei Tage hatte die Arbeit gedauert. Staunend stand das ganze Heer vor der Schöpfung des Künstlers.

„Jetzt gilt es, ihr Führer des Danaervolkes!", rief Odysseus. „Mehr Mut gehört dazu, in dieses Versteck zu kriechen, als dem Tod in offener Feldschlacht zu trotzen! Darum, wer zu den Tapfersten zählt, der entscheide sich für dieses Wagnis! Die anderen mögen vorerst zum Schein abfahren und sich außer Sichtweite halten. Ein mutiger Jüngling aber soll zurückbleiben, wie ich geraten habe."

Sinon hieß der Waffengefährte, der dazu bereit war. Dreißig Helden aber, voran Neoptolemos, dann Menelaos, Diomedes, Odysseus und viele andere berühmte Kämpfer, stiegen in voller Waffenrüstung in den geräumigen Leib des Riesentieres. Zuletzt stieg Epeos, der das Wunderpferd gebaut hatte, hinein, zog die Leiter ein und schloss von innen die Riegel.

Die anderen Griechen aber steckten die Zelte und alles Lagergerät in Brand. Unter Agamemnons und Nestors Führung brachen sie mit den Schiffen auf und verließen die Küste. Mit ungläubigem Staunen hatten die Trojaner von der Mauer aus alle Vorbereitungen für die Abfahrt beobachtet. Wirklich, der Feind, der sie zehn Jahre lang bedroht hatte, war plötzlich verschwunden!

Wie der Kampf weitergeht und ob die List mit dem Trojanischen Pferd gelingt, kannst du im Teil „Training" (S. 27 f.) nachlesen!

1 Märchen untersuchen

Kurs — Seite 8–11

Aufgabe 2
Seite 8

Ausgangslage: Z. 1–8 (Mitte)
Prüfung: Mittelteil
Belohnung/Ende: in den letzten 4 Zeilen

Aufgabe 3
Seite 9

Am Anfang: der Jüngste sucht die älteren Brüder, die ein so wildes Leben führen, dass sie nicht nach Hause zurückfinden würden. Als der jüngere Bruder sie findet, um zu helfen, lachen die beiden ihn nur aus, weil er der dümmste von den dreien ist.

Am Ende sind die beiden älteren Brüder zunächst in Stein verwandelt, durch die Taten des Bruders werden sie erlöst. Der Dummling erhält als Belohnung für seine Taten vom König die Tochter des Königs und wird nach seinem Tod König, auch die beiden Brüder heiraten und zwar die anderen Töchter des Königs.

Aufgabe 4
Seite 10

Merkmal eines Märchens	Wo findet sich dieses Merkmal in der „Bienenkönigin"?
Wirklichkeit und Wunderwelt gehen ineinander über.	Die Ameisen erkennen die Not des Dummlings und helfen ihm.
Ort und Zeit sind unbekannt.	Die einzige Zeitangabe ist das Wort „einmal"; auch der Ort wird dem Leser nicht genannt.
Die Märchengestalten haben keinen Namen.	Die drei Brüder werden nur „Brüder" genannt, auch der Name „Dummling" ist kein wirklicher Vorname.
klare Trennung zwischen Gut und Böse	Die zwei älteren Brüder wollen die Tiere quälen, der Dummling beschützt die Tiere.
Notlage am Anfang	Die beiden älteren Brüder führen ein wüstes Leben, aber auch das Schloss muss erlöst werden.
Die Geschichte steht im Präteritum.	Gingen, gerieten, kamen etc. sind Verbformen in der Vergangenheit.

Aufgabe 5
Seite 10

Märchenfigur	Eigenschaften
drei Brüder	Dummling: naiv, gutmütig, hilfsbereit; die beiden älteren Brüder: wild, übermütig, eigentlich dumm, überheblich, brutal
Ameisenkönig (mit Ameisen), Enten, Bienenköngin	hilfsbereit, dankbar, erkennen Gutherzigkeit des Dummlings

Aufgabe 6
Seite 11

a)
Beispiel:
Ausgangslage: Dummling unterwegs mit seinen beiden Brüdern
Prüfung: Drei Prüfungen im Schloss
Belohnung/Ende: Dummling erhält die jüngste und schönste Königstochter.

b)
Individuell. Vorschlag:
Das Märchen heißt „Die Bienenkönigin" und ist von den Brüdern Grimm.
Weil seine zwei Brüder verschwunden waren, machte sich der jüngste Bruder, der Dummling hieß, auf die Suche. Als er sie fand, machten sie sich nur über ihn lustig. Sie gingen gemeinsam weiter. Unterwegs begegneten ihnen Ameisen, Enten und Bienen. Die beiden älteren Brüder wollten alle Tiere quälen. Nur weil der jüngste immer wieder sagte, dass sie die Tiere doch in Frieden leben lassen sollten, ließen sie von ihnen ab. Dann kamen sie an ein Schloss, fanden aber nur leere Säle und versteinerte Pferde. Ein kleines Männlein zeigte ihnen eine steinerne Tafel mit Aufgaben, mit denen sie das Schloss erlösen könnten.
In der ersten Aufgabe mussten sie tausend Perlen im Wald finden. Wenn sie das nicht an einem Tag schafften, würden sie zu Stein werden. Die beiden ältesten Brüder schafften es beide nicht. Dummling war nun an der Reihe und war auch schnell verzweifelt. Da kamen die Ameisen und halfen ihm, er konnte die Aufgabe so lösen. In der zweiten Aufgabe sollte er den Schlüssel vom Schlafzimmer der Prinzessin aus einem See holen. Die Enten halfen ihm dabei. Die dritte Aufgabe bestand darin, die schönste und jüngste der Töchter des Königs zu erkennen. Die drei schlafenden Töchter sahen allerdings alle gleich aus. Der einzige Unterschied war, dass die jüngste vor dem Einschlafen Honig gegessen hatte. Die Bienenkönigin half dem Dummling und er fand das richtige Mädchen.
Alle versteinerten Menschen erwachten wieder zum Leben, der Dummling heiratete die schönste und jüngste Königstochter, die älteren Brüder die älteren Schwestern.

Aufgabe 7
Seite 11

Sei immer gut zu allen Lebewesen, irgendwann bist du auch einmal auf ihre Hilfe angewiesen.

Training

Seite 12–16

Aufgabe 2
Seite 12

Ausgangslage: Z. 1–66
Prüfung/Gefahren: Z. 67–168 (Mitte)
Belohnung/Ende (Vereinigung im Feuer): Z. 168–175

Aufgabe 3
Seite 12

Zu Anfang: schön, sehr gerade und in Uniform, allerdings fehlt ihm ein Bein
Im Mittelteil: Auch bei der Irrfahrt bleibt der Zinnsoldat standhaft und zerbricht z. B. nicht, mit der Zeit verliert er aber seine Farbe.
Am Ende: Er schmilzt im Ofen zu einem Zinnherz.

Aufgabe 4
Seite 12

a)

- Wirklichkeit und Wunderwelt gehen ineinander über: Der Soldat kann denken: „Das wäre eine Frau für mich." (Z. 36)
- Ort und Zeit sind unbekannt: Im ganzen Text findet sich keine genau Angabe, wann und wo die Handlung spielt.
- Märchengestalten haben keinen Namen: Weder der Soldat noch die Tänzerin werden mit Namen benannt, auch die Kinder, die mit dem Soldaten spielen, sind namenlos.
- Klare Trennung zwischen Gut und Böse: Die Ratte ist z. B. eindeutig böse: „Hu, wie fletschte sie die Zähne" (Z. 104 f.).
- Das Märchen steht im Präteritum: Es waren einmal ... (Z. 1).

b)

In diesem Märchen siegt das Gute nicht, der gute Zinnsoldat schmilzt am Ende. Im Feuer wird er allerdings mit der Tänzerin, in die er verliebt ist, vereint. Zurück bleiben ein Zinnherz und ein Stern.

Aufgabe 5
Seite 16

a)

Märchenfigur	Eigenschaften
Soldat	standhaft, naiv, gutherzig, ehrlich
Tänzerin	klein, fein, beweglich, zierlich, schön
Kobold	frech, verschlagen, böse
Ratte	böse, hinterlistig, gefährlich

b)

Individuell. Vorschlag:

Das Märchen heißt „Der standhafte Zinnsoldat" und ist von Andersen.

Ein Junge bekam eine Schachtel Zinnsoldaten geschenkt. Die 25 Figuren waren alle genau gleich, lediglich der letzte hatte nur ein Bein, weil der Zinn nicht reichte. Er konnte allerdings auch auf einem Bein stehen. Die Zinnsoldaten wurden auf einen Tisch gestellt, auf dem auch ein Spielzeugschloss aus Papier stand. In der Schlosstür stand eine Papierfigur, ein kleine Tänzerin. Sie hob ihr Bein so hoch in die Luft, dass es für den einbeinigen Zinnsoldaten so aussah, als hätte das Mädchen auch nur ein Bein. Er dachte, dass das eine gute Frau für ihn wäre. In der Nacht wurde das Spielzeug im Zimmer des Jungen lebendig, nur der Soldat und die Tänzerin standen ganz ruhig da. Um 12 Uhr erschien ein schwarzer Kobold und drohte dem Soldaten.

Am nächsten Tag wurde der Soldat auf die Fensterbank gestellt. Er fiel hinaus, vielleicht wegen des Koboldes oder wegen des Windes. Sein Besitzer suchte ihn auf der Straße, fand ihn aber nicht. Erst zwei Straßenjungen sahen den Soldaten dort liegen. Sie nahmen ihn mit, bastelten ein Papierboot und setzten den Soldaten hinein. Da es regnete, fuhr er nun mit dem Boot den Rinnstein entlang. Dann begegnete ihm eine Ratte, die ihn aber nicht aufhalten konnte. Als sein Papierboot vom Wasser aufgeweicht zerriss, wurde der Soldat von einem Fisch gefressen. Der Fisch wurde von Fischern gefangen und von einer Köchin gekauft. Beim Öffnen des Fisches fand sie die Soldaten. Es war zufälligerweise in demselben Haus, in dem der Soldat vorher gewesen war. Der Junge warf den Soldaten aber in den Ofen.

Vom Wind wurde auch das Papiermädchen in den Ofen getragen. Der Soldat schmolz, das Mädchen verbrannte. Vom Soldaten blieb nur ein Herz aus Zinn übrig, von der Tänzerin ein Stern.

Check

Seite 17–21

Aufgabe 1
Seite 17

- Nur die Zeitangabe „einst"
- Es sind unmögliche Dinge möglich, so öffnet sich eine Wand mithilfe eines Zauberspruches.
- Ali Baba ist eindeutig gut, sein Bruder und die Räuber eindeutig böse.
- Ali Baba wird durch das Finden der Höhle vor eine schwierige Aufgabe/Prüfung gestellt.
- Die Geschichte steht im Präteritum.

Aufgabe 2
Seite 17

- Die Handlung spielt in Persien.
- Die Namen sind persisch bzw. arabisch.
- Der Vater stirbt, als es „Allah" – also der Gott im islamischen Glauben – so will.

Aufgabe 3
Seite 17

Ali Baba: gutmütig, bescheiden, gut, lustig, lebensfroh, Geld ist ihm nicht so wichtig, klug

Kasim: verschwenderisch, angeberisch, gierig, Geld ist ihm sehr wichtig, kann sich kaum freuen, immer in Sorge um seinen Besitz, geizig

Aufgabe 4
Seite 21

Individuell. Vorschlag:
Kasim und Ali Baba waren zwei Brüder, die von ihrem Vater beide nur wenig erbten. Damit konnten sie nur ein ärmliches Leben führen. Kasim heiratete eine reiche Frau, die von ihrem Vater viel erbte. Kasim war aber sehr geizig, weil er immer Angst hatte, wieder arm zu werden. Ali Baba heiratete ein armes Mädchen, war glücklich mit ihr und immer sicher, dass er durch ein Wunder irgendwann reich werden würde.
Eines Tages begegneten Ali Baba im Wald bewaffnete Männer. Er versteckte sich schnell mit seinem Esel in einem Gebüsch. Er kletterte auf einen Baum und konnte beobachten, wie die Männer stehen blieben. Sie hatten viel Gold und Silber in den Satteltaschen ihrer Pferde. Der Anführer der Räuber rief: „Sesam, öffne dich!" In den Steinen öffnete sich plötzlich eine Höhle. Alle Männer ritten in die Höhle. Die Tür schloss sich wieder und lange Zeit passierte nichts. Ali Baba blieb im Baum sitzen, er hatte Angst, dass er den Männer begegnen könnte, wenn er herunterkletterte. Irgendwann öffnete sich das Tor wieder und die Männer kamen heraus. Der Anführer rief als letzter: „Sesam, schließe dich!" und das Tor ging wieder zu. Die Männer ritten davon. Ali Baba ging zu der Stelle, an der sich die Höhle geöffnet hatte. Er rief: „Sesam, öffne dich!" und tatsächlich ging das Tor auf. Er ging in die Höhle und war in einem Saal, der aussah, als wäre er von Menschen gebaut worden. In dem Saal befanden sich unendlich viele Schätze, Schmuck, Teppiche und anderen wertvolle Gegenstände. Es mussten alles Beutestücke von Diebstählen sein. Ali Baba beschloss, nicht viel zu nehmen, nur einen Sack voller Goldmünzen. Den lud er auf seinen Esel und ritt heim.

Kurs — Seite 23–26

Aufgabe 1 Seite 23	Der Trojanische Krieg ist wohl nicht nur eine „Erfindung" des Autors Homer, sondern hat tatsächlich stattgefunden.
Aufgabe 2 Seite 23	*Individuell*
Aufgabe 3 Seite 23	Troja lag in der heutigen Türkei.
Aufgabe 4 Seite 23	Sie war nicht eingeladen, das machte sie wütend. Der Apfel soll an die Schönste gegeben werden, also weiß Eris, dass der Apfel einen Streit unter den weiblichen Hochzeitsgästen auslösen wird.
Aufgabe 5 Seite 23	Hera: alle Macht auf Erden (Z. 15 f.) Athene: Ruhm (Z. 17) Aphrodite: die schönste Frau der Welt (Z. 19) Aphrodite bringt Paris nach Sparta zum König Menelaos. Seine Frau Helena ist die schönste Frau auf Erden, die Paris entführt, um sie mit nach Troja zu nehmen.
Aufgabe 6 Seite 23	Paris hat die Frau des Königs von Sparta entführt. Dafür will sich der König Menelaos natürlich rächen. Deshalb beginnt er den Krieg gegen Troja, denn Paris ist der Sohn des Königs von Troja.
Aufgabe 7 Seite 24	Er will ein riesiges Pferd aus Holz bauen, das der Gegner nach dem vorgetäuschten Abzug der Griechen nichtsahnend in seine Stadt ziehen soll. Im Körper des Pferdes verstecken sich die Kämpfer, um nachts herauszusteigen und dann schon in der Festung des Feindes zu sein.
Aufgabe 8 Seite 25	Auch der Habicht benutzt eine List. Er versteckt sich vor der Taube, damit sie glaubt, sicher zu sein. So wollen sich auch die Kämpfer der Griechen im hölzernen Pferd verstecken.
Aufgabe 9 Seite 25	Die Griechen glauben, dass die Götter das Schicksal der Menschen bestimmen, sich aber auch durch Opfer umstimmen lassen; sie glauben auch, dass die Götter den Menschen u. a. durch Träume und Wetterphänomene Zeichen geben. Im Text wird dies an folgenden Stellen deutlich: Menschenopfer für glückliche Rückkehr (hier gescheitertes Menschenopfer als List, Z. 46 f.); Zeichen deuten (Z. 52 ff.; 56 ff.).
Aufgabe 10 Seite 26	Die Trojaner sollen glauben, dass die Griechen aufgeben und somit auch ihr Lager verlassen und sich auf den Rückweg nach Griechenland machen.
Aufgabe 11 Seite 26	Wenn man einen „Trojaner" im Computer hat, kann einen jemand anderes ausspähen. Man hat also – ohne es zu wissen – den „Feind" in den eigenen Computer gelassen. Genauso ging es den Trojanern, die eigentlich nur ein Holzpferd in die Stadt geholt haben, ohne zu ahnen, dass der Feind sich darin befindet.

Training

Seite 27–29

Aufgabe 1
Seite 27

Individuell. Vorschlag:
Die Trojaner freuten sich über das Ende der Belagerung und das Geschenk des Feindes. Sie jubelten, feierten und tranken die halbe Nacht. Schließlich schliefen die Trojaner müde und betrunken ein. Der Spion der Griechen gab dem auf einer nahen Insel wartenden griechischen Heer das Zeichen zum Ansturm und klopfte danach an das Pferd. Die Kämpfer stiegen heraus und zogen ihre Schwerter, um die schlafenden Trojaner niederzumetzeln und Troja in Brand zu setzen. Das griechische Heer, das mittlerweile hinzugekommen war, wütete ebenso grausam gegen die trojanische Bevölkerung. Diejenigen Trojaner, die überlebten, nahmen die Griechen als Sklaven mit. König Menelaos wollte seine Frau Helena eigentlich töten, als er sie aber sah, war er von ihrer Schönheit und ihrer Lieblichkeit wieder so fasziniert, dass er ihr verzieh und wieder mit zu sich nach Hause nahm. Die hohen Flammen über Troja zeigten allen den Untergang der Stadt.

Aufgabe 2
Seite 27

Es gibt einen wahren geschichtlichen Kern (vgl. Zeitungsartikel im Kursteil).
Ein geschichtliches Ereignis wird ausgeschmückt erzählt.
In der griechischen Sage werden Odysseus und seine Kämpfer zu Helden stilisiert.

Aufgabe 3
Seite 27

Viele sterben auf grausame Weise in der Schlacht, die anderen werden von den Griechen versklavt.

Aufgabe 4
Seite 27

a)
Paris hatte von Aphrodite das Versprechen, die schönste Frau der Welt zu erhalten. Sie hatte ihn nach Sparta gebracht, dort sah er die schöne Helena, die Frau des Königs Menelaos und entführte sie.

b)
Individuell, Vorschlag:
Da ist sie! Ich bringe sie um! Ich nehme mein Schwert und werde sie grausam umbringen! Aber nein … sie ist immer noch die wunderschöne Frau, die ich liebe. Ich bringe es nicht übers Herz, sie zu töten. Ich möchte sie wieder um mich haben. Ich werde sie mit nach Sparta nehmen, und wir können wieder zusammenleben.

Aufgabe 5
Seite 28

Es war das Jahr 1284, als ein wunderlicher Mann nach Hameln kam, um die Stadt von den Ratten zu befreien. Er pfiff auf seiner Pfeife, alle Ratten folgten ihm bis in den Fluss, wo die Ratten ertranken. Die Bürger verweigerten ihm aber den Lohn, so dass er mit seiner Pfeife alle 130 Kinder ab vier Jahren rief, die ihm in einen Berg außerhalb der Stadt folgten und nie wieder auftauchten.

Aufgabe 6
Seite 28

Seine Pfeife spielt einen Ton oder eine Melodie, der alle Tiere bzw. Kinder folgen, vgl. Z. 8 und Z. 23.

Aufgabe 7
Seite 28

Der Straßenname (Z. 50 ff.) weist darauf hin, zudem sind am Poppenberg an der Stelle, an der die Kinder angeblich verschwunden sind, zwei Steine in Kreuzform aufgestellt (Z. 55 ff.).

Aufgabe 8
Seite 28

Die Kinder zu Hameln

Im Jahre 1284 ließ sich zu Hameln ein wunderlicher Mann sehen. Er hatte einen Rock von vielfarbigem buntem Tuch an, weshalben er Buntding soll geheißen haben, und gab sich für einen Rattenfänger aus, indem er versprach, gegen ein gewisses Geld die Stadt von allen Mäusen und Ratten zu befreien. Die Bürger wurden mit ihm einig und versicherten ihm einen bestimmten Lohn. Der Rattenfänger zog demnach ein Pfeifchen heraus und pfiff, da kamen alsbald die Ratten und Mäuse aus allen Häusern hervorgekrochen und sammelten sich um ihn herum. Als er nun meinte, es wäre keine zurück, ging er hinaus und der ganze Haufen folgte ihm, und so führte er sie an die Weser; dort schürzte er seine Kleider und trat in das Wasser, worauf ihm alle die Tiere folgten und hineinstürzend ertranken.

Nachdem die Bürger aber von ihrer Plage befreit waren, reute sie der versprochene Lohn und sie verweigerten ihn dem Manne unter allerlei Ausflüchten, so dass er zornig und erbittert wegging. Am 26. Juni auf Johannis- und Paulitag, morgens früh um sieben, nach andern zu Mittag, erschien er wieder, jetzt in Gestalt eines Jägers, erschrecklichen Angesichts, mit einem roten wunderlichen Hut, und ließ seine Pfeife in den Gassen hören. Alsbald kamen diesmal nicht die Ratten und Mäuse, sondern Kinder, Knaben und Mägdelein vom vierten Jahr an, in großer Anzahl gelaufen, worunter auch die schon erwachsene Tochter des Bürgermeisters war. Der ganze Schwarm folgte ihm nach und er führte sie hinaus in einen Berg, wo er mit ihnen verschwand. Dies hatte ein Kindermädchen gesehen, welches mit einem Kind auf dem Arm von fern nachgezogen war, danach umkehrte und das Gerücht in die Stadt brachte. Die Eltern liefen haufenweis vor alle Tore und suchten mit betrübtem Herzen ihre Kinder; die Mütter erhoben ein jämmerliches Schreien und Weinen. Von Stund an wurden Boten zu Wasser und Land an alle Orte herumgeschickt zu erkundigen, ob man die Kinder oder auch nur etliche gesehen, aber alles vergeblich. Es waren im ganzen hundertunddreißig verloren. Zwei sollen, wie einige sagen, sich verspätet und zurückgekommen sein, wovon aber das eine blind, das andere stumm gewesen, also dass das blinde den Ort nicht hat zeigen können, aber wohl erzählen, wie sie dem Spielmann gefolgt wären; das stumme aber den Ort gewiesen, ob es gleich nichts gehört. Ein Knäblein war im Hemd mitgelaufen und kehrte um, seinen Rock zu holen, wodurch es dem Unglück entgangen; denn als es zurückkam, waren die andern schon in der Grube eines Hügels, die noch gezeigt wird, verschwunden.

Die Straße, wodurch die Kinder zum Tor hinausgegangen, hieß noch in der Mitte des XVIII. Jahrhunderts (wohl heute noch) die bunge-lose (trommel-, tonlose, stumme), weil kein Tanz darin geschehen noch Saitenspiel gerührt werden durfte. Ja, wenn eine Braut mit Musik zur Kirche gebracht ward, mussten die Spielleute über die Gasse hin stillschweigen. Der Berg bei Hameln, wo die Kinder verschwanden, heißt der Poppenberg, wo links und rechts zwei Steine in Kreuzform sind aufgerichtet worden. Einige sagen, die Kinder wären in eine Höhle geführt worden und in Siebenbürgen wieder herausgekommen.

Aus: Johannes Dickhaus (Hrsg.): Germanische und deutsche Sagen. Paderborn 2004. S. 16–18.

„Die Kinder zu Hameln" ist eine Sage, weil folgende Textmerkmale erfüllt werden: Es werden bestimmte Namen und Orte genannt, hier ist das die Stadt Hameln und das Jahr 1284 (s. erster Satz des Textes). Die Ausschmückungen, z. B. dass ein blindes und ein stummes Kind nachher von dem Ereignis berichten bzw. den Berg zeigen konnten, erscheinen eher später hinzugefügt.

Aufgabe 9
Seite 29

Individuell, Vorschlag:
Das kann doch nicht wahr sein! Diese Betrüger! Ich habe ihnen geholfen und nun wollen sie nicht zahlen! Das kann ich mir nicht bieten lassen. Aber was soll ich tun? Die Ratten sind tot, ich kann sie nicht zurück in die Stadt bringen. Was würde den Menschen von Hameln eine Lehre sein? Ich habe da eine Idee … Sie ist ziemlich brutal und grausam, aber diese Lehre werden die Bürger nie vergessen.

Check

Seite 30 – 31

Aufgabe 1
Seite 30

- Es gibt einen wahren Kern, so wird der Ort sehr genau benannt (Z. 1/2).
- Es handelt sich um eine Heldensage, die die Taten Siegfrieds schildert.

Aufgabe 2
Seite 30

Das Schwert schmiedete Regin aus den Splittern des Schwertes von Siegfrieds Vater, das in seinem letzten Kampf zersprungen war. Ursprünglich hatte er es von Odin erhalten. Mit dem Schwert kann Siegfried einen Amboss zerschlagen und vorbeifließende Wolle mühelos zerschneiden.

Aufgabe 3
Seite 31

Regin suchte einen mutigen und starken Kämpfer für die Schlacht gegen den Drachen Fafnir.

Aufgabe 4
Seite 31

Der Drache sagt Siegfried voraus, dass der Schatz ihm Unglück und sogar den Tod bringen wird. Daher ahnt der Leser, dass Siegfried noch Schreckliches mit dem Nibelungenschatz erleben wird.

Kurs — Seite 33–35

Aufgabe 1
Seite 33

Individuell. Vorschlag:
Beim Essen bleibt einem Wolf ein Knochen im Halse stecken. Ein Kranich hilft ihm aus der Not, steckt seinen Kopf in den Schlund des Wolfs und zieht den Knochen heraus. Als der Kranich nun den vom Wolf versprochenen Lohn einfordern will, erntet er nur die höhnische Antwort, er solle froh sein, dass der Wolf ihm nicht den Kopf abgebissen habe.

Aufgabe 2
Seite 33

- ... sie lediglich 16 Zeilen umfasst und man sie in wenigen Minuten lesen kann.
- ... Z. 3 f.: „Er bat alle Tiere verzweifelt, ihm zu helfen ..." (viele weitere Nennungen möglich)
- ... ihre Versprechen nicht einhalten/undankbar sind.
- ... man seine Versprechen einhalten soll/dankbar sein soll.

Aufgabe 3
Seite 34

a)
Auch hier ist der Wolf hinterhältig. Als er auf Hilfe angewiesen ist, verspricht er eine Belohnung. Als er wieder stark ist, hält er sein Versprechen nicht ein.

b)
Er ist falsch und verlogen. Sein Verhalten ist sehr ungerecht. Wenn er wieder Hilfe braucht, wird ihm der Kranich sicherlich nicht noch einmal helfen.

Aufgabe 4
Seite 34

Adjektive z. B.: hilfsbereit, uneigennützig, mutig, naiv, gutgläubig

---

Aufgabe 5
Seite 34

In der Fabel geht es um die Frage, wie ein Mäuschen einem Löwen helfen kann. Ein Mäuschen kann ein Netz, das einen Löwen gefangen hält, an einigen Stellen durchnagen, so dass der Löwe es schließlich zerreißen kann.

Aufgabe 6
Seite 35

- Die Geschichte ist mit 17 Zeilen sehr kurz.
- Die Maus und der Löwe können wie ein Mensch reden und fühlen.
- Der Löwe wird für seine Überheblichkeit kritisiert, es zeigt sich, dass er auf die Maus angewiesen ist, obwohl sie klein und schwach wirkt.
- Die Moral steht am Ende und wird hier offen formuliert.

Aufgabe 7
Seite 35

a)
großmütig, überheblich, gönnerhaft

b)
Eigentlich sind die Löwen in einer Fabel sehr mächtig und weise, dieser Löwe ist aber eher gönnerhaft überheblich, er belächelt die Maus, obwohl sie ihm später das Leben retten wird.

Training — Seite 36–39

Aufgabe 1
Seite 36

Individuell. Vorschlag:
„Oh, der andere Hund hat ja auch ein großes Stück Fleisch! Oder ist es sogar größer als meins? Das muss ich ihm abjagen. Ich werde schnell danach schnappen, dann habe ich zwei Stücke! Haha!"

Aufgabe 2
Seite 36

z. B.: Der gierige Hund; Der Hund im Wasser

Aufgabe 3
Seite 36

gierig, unersättlich, habgierig, maßlos, missgünstig, ...

Aufgabe 4 Seite 36	Es ist eine sehr kurze Geschichte, in der der Hund menschliche Eigenschaften hat, die kritisiert werden, nämlich der Wunsch, immer mehr zu haben, also die Habgier. Diese Moral wird in der „Lehre" (Z. 7 ff.) klar formuliert.
Aufgabe 5 Seite 36	Manchmal muss man mit dem zufrieden sein, was man besitzt. Man kann auch mit dem wenigen Besitz sehr glücklich sein. Wenn man immer nach mehr strebt, kann man vielleicht alles verlieren.
Aufgabe 7 Seite 37	Es ist eine kurze Geschichte, in der der Frosch menschliche Züge hat, so kann er z. B. sprechen. Es wird die Eigenschaft der Menschen kritisiert, dass viele als mehr scheinen wollen, als sie eigentlich sind. Die Moral wird am Ende (Z. 13 ff.) nochmals deutlich herausgestellt.
Aufgabe 8 Seite 37	Frosch: neidisch, unersättlich, geltungssüchtig, eigentlich klein Ochse: groß, kräftig, mächtig
Aufgabe 9 Seite 37	*Individuell. Vorschlag:* Viele Menschen spielen sich mit Geschichten auf, die sie angeblich erlebt haben. Dabei „blasen" sie die Geschichten auf, indem sie immer wieder übertreiben und Dinge hinzuerfinden.
Aufgabe 10 Seite 38	*Vorschlag:* Ein Frosch sah einen Ochsen von mächtigem Wuchs auf einer Wiese stehen. Der Frosch wollte vor Neid vergehen, war er doch so winzig wie ein Ei. Er wünschte sich, auch so groß wie dieser Riese zu sein. Er blähte sich auf, wurde dicker und dicker. Er rief seine Schwester, ob er denn auch schon so groß sei. Sie winkte ab und sagte, dass er nie so ein Koloss werde. Sie forderte ihn auf, aufzuhören. Aber umsonst: Es gab plötzlich einen Knall und der Frosch war geplatzt. Auf der Welt gibt es viele Gernegroße; schon ein Krämer möchte sich gerne ein Schloss erbauen, ein Provinzbaron sich Gesandte halten und jeder Geck Pagen; alles nur, um den Großen zu gleichen.
Aufgabe 12 Seite 39	a) Die kleinen Welpen: hilflos, machen erste Erfahrungen, umsorgt Silber: besorgt, selbstlos, hilfsbereit, sich aufopfernd, mütterlich, zärtlich Der große schwarze Wolf: fürsorglich, hilfsbereit b) Die Eigenschaften stehen im Gegensatz zu der üblichen Beschreibung eines Wolfes in der Fabel.
Aufgabe 13 Seite 39	Das Buch ist mit 144 Seiten sehr lang. Aus dem Auszug kann man keine Moral oder Lehre ableiten.

Check

Seite 40 – 41

Aufgabe 1 Seite 40	Tiere: Hahn, Fuchs Menschen: Direktor Das Ich ist wahrscheinlich ein weiteres Tier oder vielleicht ein Mensch, der mit dem Hahn und dem Fuchs zusammenlebt.
Aufgabe 2 Seite 40	Es ist eine kurze Geschichte (27 Zeilen), in der die Tiere (Hahn und Fuchs) menschliche Eigenschaften haben. Das Verhalten des Hahns wird kritisiert, die Moral wird – wie es in der Fabel auch üblich ist – nicht offen genannt.
Aufgabe 3 Seite 40	Hahn: überheblich (Z. 20–22), mutig (Z. 3), ehrgeizig (Z. 6–8; 13–15), übermütig (Z. 4 f.)
Aufgabe 4 Seite 41	*Individuell. Vorschlag:* „Ich wollte dem Zirkusdirektor imponieren, ich dachte, einen langweiligen Hahn will doch kein Direktor in seinem Programm haben. Außerdem bin ich ehrgeizig!"

4 Fabeln untersuchen 2

Kurs — Seite 44–45

Aufgabe 1
Seite 44

In der Fabel geht es darum, dass ein Fuchs einem Raben mit einer List seinen gestohlenen Käse wegschnappt, indem der Fuchs den Raben wegen seines Gesangs lobt.

Aufgabe 2
Seite 44

Z. 1–5: Ausgangssituation
Z. 5–9: Aktion des Fuchses
Z. 10–12: Reaktion des Raben
Z. 12–14: Ergebnis der Handlung
Z. 14: Moral

Aufgabe 3
Seite 44

Die Geschichte ist mit 14 Zeilen sehr kurz, der Rabe und der Fuchs haben menschliche Züge. Das Verhalten des Fuchses wird kritisiert, daraus wird dann auch die Moral abgeleitet.

Aufgabe 4
Seite 44

Fuchs: listig, hinterhältig, gierig
Rabe: naiv, leichtgläubig, eitel

Aufgabe 5
Seite 44

Der Fuchs, ihm ist es durch Schmeicheleien gelungen, den Käse zu gewinnen.

Aufgabe 6
Seite 45

Manchmal loben Menschen nur jemanden, um dann selbst einen Vorteil zu haben.
Alltagsbeispiel: *individuell*

Aufgabe 7
Seite 45

Z. 1–3: Ausgangssituation
Z. 4–6: Aktion der Maus
Z. 6–12: Reaktion des Löwen
(Z. 10–13: Zwischenhandlung: Das Verstricken im Netz)
Z. 13–15: Ergebnis der Handlung
Z. 16–18: Moral

Aufgabe 8
Seite 45

Der König ist trotz seiner Überheblichkeit und Gönnerhaftigkeit großmütig und gütig, er tut der Maus nichts an.

Aufgabe 9
Seite 45

Manchmal kann man auf die Hilfe von Menschen angewiesen sein, denen man eigentlich nicht viel zugetraut hat. *Beispiel:* Eine Geldmünze fällt in ein kleines, tiefes Loch. Nur der Kleinste kann in das Loch kriechen, um das Geld herauszuholen. Kraft und Größe helfen da nicht.

Training — Seite 46–50

Aufgabe 1
Seite 46

Geh, Schelm, fiel ihm der König ein,
Statt meinen Fehler nachzuahmen,
So hink in deinem eignen Namen.
Er sprachs und brach ihm knacks ein Bein.

Aufgabe 2
Seite 46

Z. 1–4: Ausgangssituation
Z. 5–9: Aktion des Affen
Z. 10–15: Reaktion des Löwen und Antwort des Affen
Z. 16–19: Ergebnis der Handlung

Aufgabe 3
Seite 46

Der Löwe ist über das Verhalten des Affen irritiert. Vielleicht hat er das Gefühl, dass der Affe sich über ihn lustig macht.

Aufgabe 4
Seite 46

Ja: Der Affe verhält sich respektlos; **oder: Nein:** Der Affe will doch nur zeigen, dass er ein treuer Untertan des Königs ist.

Aufgabe 5
Seite 47

Wenn Menschen Gebrechen oder Fehler haben, soll man diese nicht zur Schau stellen oder nachäffen/nachahmen.

Aufgabe 6 Seite 47	Z. 1–4: Ausgangssituation Z. 5–7: Aktion des Frosches Z. 13–17: Moral/Lehre	Z. 8–10: Reaktion seiner Schwester (in Interaktion) Z. 10–12: Ergebnis der Handlung (Frosch platzt)

Aufgabe 7
Seite 47

Der Frosch wird kritisiert. Er will als mehr scheinen, als er eigentlich ist.

Aufgabe 8
Seite 47

Man soll sich so geben, wie man wirklich ist, und nicht versuchen, sich z. B. durch Lügengeschichten größer zu machen.

Aufgabe 9 Seite 48	Z. 1–3: Ausgangssituation Z. 4–13: Aktion des Hahns Z. 13–19: Reaktion des Direktors	Z. 20–23: Ergebnis der Handlung Z. 24–27: indirekt: Lehre/Moral

Aufgabe 10
Seite 48

Der Hahn: Er gibt sich als jemand aus, der er nicht ist.

Aufgabe 11
Seite 48

Man soll sich so geben, wie man wirklich ist. Man soll nicht versuchen, jemand zu sein, der man eigentlich nicht ist.

Aufgabe 12
Seite 48

Der Affe zeigt zwar eine Aktion (er steckt seine Hand durch den Spalt), es fehlt aber die Reaktion.

Aufgabe 13
Seite 49

Er ist zu gierig.

Aufgabe 14
Seite 49

Individuell. Beispiel:
„Verdammt, ich will diese Nuss. Ich kann die Faust einfach nicht öffnen, dann fällt doch die Nuss weg. Ich will diese Nuss! Ich habe so Hunger! Egal, ich muss hier bleiben, ich darf die Nuss nicht verlieren."

Aufgabe 15
Seite 49

Manchmal muss man auf Dinge verzichten, um weiterleben zu können. Man darf nicht zu gierig sein.

Aufgabe 16
Seite 49

Z. 1–2: Ausgangssituation
Z. 2–Ende: Es gibt keine Aktion der Tanne, es wird etwas mit ihr gemacht, sie reagiert auch nicht, die Nadeln fallen ihr einfach aus.

Aufgabe 17
Seite 50

Vorschlag:
Im Wald passiert sehr wenig, sie erlebt nicht viel. Jeder Tag ist gleich. Das ist ihr zu langweilig und macht sie traurig.

Aufgabe 18
Seite 51

Individuell. Beispiel:
Manchmal möchte man ganz verrückte Dinge tun und findet sein Leben zu eintönig und fad.

Aufgabe 19
Seite 51

Man soll im Heute leben und muss sich auch mal mit dem „normalen" Alltag zufriedengeben. Er ist zwar nicht immer aufregend, bietet aber Sicherheit.

Check

Seite 51–52

Aufgabe 1–4
Seite 51 f.

Individuell.
Als Muster für Aufbau und Schreibstil kannst du die in dieser Einheit untersuchten Fabeln nehmen.

Im Unterkapitel „Kurs" hast du gelesen, wieso es zwischen den Griechen und den Trojanern zum Krieg kam. Nach zehn Jahren ohne Sieger hecken die Griechen eine List aus: Sie stellen ein riesiges Pferd, in dessen Körper die Soldaten sitzen, an den Strand vor Troja. Sinon, einem ausgewählten Griechen, gelingt es, den Trojanern einzureden, das Pferd sei ein Geschenk der heimgereisten Griechen.

1 **Lies den vorliegenden Auszug aus der Sage um den Trojanischen Krieg. Erzähle mit eigenen Worten nach, was in der Nacht, nachdem die Trojaner das Pferd in ihre Stadt gezogen haben, geschieht.**

2 **Warum handelt es sich bei diesem Text um eine Sage?**

Tipp: Die Definition von Sagen im Wissensteil kann dir sicherlich helfen.

3 **Was geschieht mit den Bewohnern der Stadt Troja nach dieser Schlacht?**

4 **König Menelaos gewinnt seine Ehefrau Helena zurück.**

a) **Erzähle mit eigenen Worten nach, warum er sie verloren hat.**

b) **Schreibe einen inneren Monolog, was Menelaos in dem Moment, in dem er Helena wiedersieht, durch den Kopf geht.**

Aufgaben 1–4: Schreibe auf ein Extrablatt.

Die Sage vom Trojanischen Pferd

Jubelnd und singend führten sie das verhängnisvolle Feindesgeschenk durch die Stadt und ruhten nicht, bis es auf der Burg stand. Die halbe Nacht hindurch überließen sich die Trojaner der Freude, endlich von aller Bedrängnis frei zu sein. Alles ergab sich festlichem Schmaus, sang und lauschte der Musik. Immer wieder wurden die Becher gefüllt, bis die Trinker die Müdigkeit übermannte.

Endlich sanken auch die letzten in tiefen Schlaf, überwältigt von dem Geschehen des Tages und der lärmenden Feier. Da erhob sich Sinon, der wacker mit den Trojanern gezecht und sich zuletzt schlafend gestellt hatte, von seinem Lager. Er schlich hinaus zum Stadttor, zündete eine Fackel an und gab damit zur Insel Tenedos hinüber das verabredete Zeichen. Ebenso leise begab sich der Späher sodann zum hölzernen Pferd und klopfte an den mächtigen Bauch, wie Odysseus ihm geheißen hatte. Mit klopfendem Herzen stiegen die Helden aus der dunklen Höhlung. Sie zogen ihre Schwerter und schlichen durch die Straßen zu den Toren, um die Wächter niederzumachen.

Grässlich war das Gemetzel, das dann unter den schlaftrunkenen, weinberauschten Trojanern anhob, die sich nur schwach zur Wehr setzen konnten. Feuerbrände wurden in die Wohnungen geschleudert und bald loderten ringsumher die Häuser. Zur gleichen Zeit trieb ein günstiger Wind die Flotte der Griechen in den Hafen. Ihr Heer stürmte durch die breite Mauerlücke, durch die tags zuvor das Ross hineingezogen worden war, in die Stadt. Stöhnen und Wehklagen, Schmerzensschreie und Todesklagen jammernder Frauen und unmündiger Kinder gellten durch die brennende Stadt.

Kein Alter, kein Geschlecht nach Stand blieb bei dem schrecklichen Morden verschont. Keiner von den Söhnen des Königs rettete sein Leben. Priamos selbst fand unter dem Schwert des Neoptolemos den Tod. Wer von den Trojanern dem schrecklichen Gemetzel und dem Brand entronnen war, den traf das noch härtere Los der Sklaverei. (…)

Des Königs Menelaos Trachten war auf Helena, seine rechtmäßige Ehegattin, gerichtet, um die der furchtbare Völkerstreit entbrannt war. Mit blankem Schwert drang er auf die Treulose ein; doch als er sie in dem strahlenden Liebreiz ihrer Schönheit vor sich stehen sah, vermochte er sich nicht gegen die alte Liebe zu wehren. Froh über den wiedererlangten Besitz nahm er sie aufs Neue als seine Ehegattin auf.

Hier findest du die wohl bekannteste deutsche Sage. Wahrscheinlich hast du schon einmal von dem berühmten Rattenfänger gehört …

5 Fasse den Inhalt mit eigenen Worten kurz zusammen.

6 Mit welchem Trick gelingt es dem Rattenfänger, erst die Tiere und dann auch die Kinder zu entführen? Markiere im Text.

7 Welche Zeichen deuten heute noch auf das Ereignis aus dem Jahre 1284 in der Stadt Hameln hin? Unterstreiche im Text.

8 Belege am Text, warum die Geschichte eine Sage ist. Markiere Textstellen und fasse schriftlich zusammen.

Aufgaben 5–8: Schreibe auf ein Extrablatt.

Hoch hinaus bis zum Äther stieg die Flammensäule und verkündete den Bewohnern der Inseln und den Schiffen ringsum den Untergang der unglücklichen Stadt Troja.

Die Kinder zu Hameln

Im Jahre 1284 ließ sich zu Hameln ein wunderlicher Mann sehen. Er hatte einen Rock von vielfarbigem buntem Tuch an, weshalben er Buntding soll geheißen haben, und gab sich für einen Rattenfänger aus, indem er versprach, gegen ein gewisses Geld die Stadt von allen Mäusen und Ratten zu befreien. Die Bürger wurden mit ihm einig und versicherten ihm einen bestimmten Lohn. Der Rattenfänger zog demnach ein Pfeifchen heraus und pfiff, da kamen alsbald die Ratten und Mäuse aus allen Häusern hervorgekrochen und sammelten sich um ihn herum. Als er nun meinte, es wäre keine zurück, ging er hinaus und der ganze Haufen folgte ihm, und so führte er sie an die Weser; dort schürzte er seine Kleider und trat in das Wasser, worauf ihm alle die Tiere folgten und hineinstürzend ertranken.

Nachdem die Bürger aber von ihrer Plage befreit waren, reute sie der versprochene Lohn und sie verweigerten ihn dem Manne unter allerlei Ausflüchten, so dass er zornig und erbittert wegging. Am 26. Juni auf Johannis- und Paulitag, morgens früh um sieben, nach andern zu Mittag, erschien er wieder, jetzt in Gestalt eines Jägers, erschrecklichen Angesichts, mit einem roten wunderlichen Hut, und ließ seine Pfeife in den Gassen hören. Alsbald kamen diesmal nicht die Ratten und Mäuse, sondern Kinder, Knaben und Mägdelein, vom vierten Jahr an, in großer Anzahl gelaufen, worunter auch die schon erwachsene Tochter des Bürgermeisters war. Der ganze Schwarm folgte ihm nach und er führte sie hinaus in einen Berg, wo er mit ihnen verschwand. Dies hatte ein Kindermädchen gesehen, welches mit einem Kind auf dem Arm von fern nachgezogen war, danach umkehrte und das Gerücht in die Stadt brachte. Die Eltern liefen haufenweis vor alle Tore und suchten mit betrübtem Herzen ihre Kinder; die Mütter erhoben ein jämmerliches Schreien und Weinen. Von Stund an wurden Boten zu Wasser und Land an alle Orte herumgeschickt, zu erkundigen, ob man die Kinder oder auch nur etliche gesehen, aber alles vergeblich. Es waren im Ganzen hundertunddreißig verloren. Zwei sollen, wie einige sagen, sich verspätet und zurückgekommen sein, wovon aber das eine blind, das andere stumm gewesen, also dass das blinde den Ort nicht hat zeigen können, aber wohl erzählen, wie sie dem Spielmann gefolgt wären; das stumme aber den Ort gewiesen, ob es gleich nichts gehört. Ein Knäblein war im Hemd mitgelaufen und kehrte um, seinen Rock zu holen, wodurch es dem Unglück entgangen; denn als es zurückkam, waren die andern schon in der Grube eines Hügels, die noch gezeigt wird, verschwunden.

Die Straße, wodurch die Kinder zum Tor hinausgegangen, hieß noch in der Mitte des XVIII. Jahrhunderts (wohl heute noch) die bunge-lose (trommel-, tonlose, stumme), weil kein Tanz darin geschehen noch Saitenspiel gerührt werden durfte. Ja, wenn eine Braut mit Musik zur Kirche gebracht ward, mussten die Spielleute über die Gasse hin stillschweigen. Der Berg bei Hameln, wo die Kinder verschwanden, heißt der Poppenberg, wo links und rechts zwei Steine in Kreuzform sind aufgerichtet worden. Einige sagen, die Kinder wären in eine Höhle geführt worden und in Siebenbürgen wieder herausgekommen.

Aus: Johannes Dickhaus (Hrsg.): Germanische und deutsche Sagen. Paderborn 2004. S. 16–18.

9 Der Rattenfänger hat alle Mäuse und Ratten getötet. Nun wollen ihm die Bürger von Hameln den Lohn nicht auszahlen. Verfasse einen inneren Monolog, der dem Rattenfänger durch den Kopf geht, als er bemerkt, dass er betrogen werden soll.

Die Nibelungensage ist eine lange deutsche Heldensage, die wir hier gar nicht vollständig abdrucken können. Allerdings kannst du dir mit dem folgenden Auszug einen kleinen Eindruck verschaffen.

1 **Erkläre, warum der Textauszug aus einer Sage stammt.**

____

____

____

____

____

____

____

____

2 **Was ist das Besondere am Schwert Siegfrieds? Beachte, wie und woraus es entstand.**

____

____

____

____

____

____

____

____

Wie Siegfried den Drachen erschlug

Regin kam an den Niederrhein ins Land der Franken. Dort herrschte in der Stadt Xanten eine Königin mit Namen Sieglind. Sie war die Witwe des Königs Siegmund. Der stammte aus dem Geschlecht der tapferen, weit berühmten Wölsungen, die ihre Herkunft von Odin selbst ableiteten. Der Sohn Siegmunds und Sieglinds war Siegfried. Er war noch ein Knabe, als Regin an den Hof kam und als Waffenschmied in den Dienst der Königin trat. Nach Knabenart kam Siegfried oft in die Schmiede und schaute Regin bei der Arbeit zu.

Einmal gab Regin ihm den Hammer in die Hand und ließ ihn schmieden. Siegfried tat einen einzigen Schlag auf den Amboss, der war so gewaltig, dass der Amboss sogleich tief in den Boden hineinfuhr. Da dachte Regin: „Ich habe den Richtigen gefunden." Eines Tages kam Siegfried und brachte dem Schmied die Stücke eines Schwertes. „Ich fand es in der Kammer meiner Mutter, schmiede es mir wieder zusammen", bat er. Das tat Regin. Es war aber Siegmunds Schwert Balmung, ein Geschenk Odins, das in Siegmunds letztem Kampf zersprungen war. Als Regin die Trümmer zusammengeschmiedet hatte, schlug Siegfried mit dem Schwert auf den Amboss und spaltete ihn. Aber das Schwert hatte nicht die kleinste Scharte. Dann lief der Knabe an den Rhein, hielt das Schwert in den Strom und ließ eine Flocke aus Wolle dagegenschwimmen, da zerschnitt die Schärfe des Schwertes die Wolle.

Da sprach Regin zu Siegfried: „Hast du Mut? Ich weiß eine Tat für einen Helden, der keine Furcht kennt. Auf der Gnitaheide sitzt Fafnir, der Drache, auf einem unermesslichen Schatz. Da ist so viel Gold, dass man die ganze Welt dafür kaufen könnte." „Ich kenne keine Furcht", rief Siegfried, „ich will den Drachen töten."

Heimlich verließen Regin und Siegfried das Land und zogen ostwärts zur Gnitaheide. Siegfried ritt auf seinem schnellen Ross Grani. Nicht weit von der Höhle, in der Fafnir auf seinem Golde lag, war eine Quelle. Dorthin kroch der Drache jeden Morgen, um zu trinken. Man sah deutlich seine Spur. Mitten auf dem Wege machte Regin eine Grube, Siegfried setzte sich hinein und hielt Balmung auf den Knien. Regin verdeckte die Grube mit Reisig und verbarg sich dann in der Heide. Als der Drache ahnungslos von seiner Höhle zur Tränke kroch und über die Grube fuhr, stieß Siegfried ihm von unten das Schwert in den Leib. Der tödlich getroffene Wurm schlug mit Haupt und Schweif gewaltig um sich, dass die Bäume um ihn her zer-

3 **Regin denkt: „Ich habe den Richtigen gefunden“, nachdem er Siegfried in der Schmiede erlebt hat. Was meint er damit?**

4 **Woran erkennt man, dass die Sage an dieser Stelle noch nicht zu Ende sein kann?**

splitterten. Flammen spie er aus seinem Mund. Aber es half ihm alles nichts. Als er Siegfried erblickte, der aus der Grube gesprungen war, sprach er zu ihm: „Knabe, der du mich erschlugst, auf dass der Fluch erfüllet werde, höre: Auch dir wird der blutrote Nibelungenhort den Tod bringen!“ Siegfried aber lachte sorglos: „Einmal müssen wir alle sterben. Ich freue mich, dass ich den Schatz erworben habe.“

Aus: Gebrüder Grimm (Hrsg.): Deutsche Sagen. Darmstadt 1959. S. 249–251.
Anmerkung: Der Nibelungenhort ist der sagenhafter Schatz, den Siegfried erwirbt als er den Drachen tötet.

Meine Kompetenzen

Was ich kann:	**Ja**	**Nein, nochmals üben, siehe**	
Wenn man mir eine Sage vorlegt, kann ich am Text belegen, warum es sich um eine Sage handelt.			Seite 22; S. 27: A 2; S. 28: A 8
Unterschiedlichen Arten von Sagen kennen.			Seite 22
Beispiele für Sagen benennen.			Seite 22
Fragen zum Inhalt einer Sage beantworten.			Seite 23 ff.: A 4–10; S. 27: A 3 u. 4a; S. 28: A 6–8

Was ist eigentlich eine Fabel?

- Eine Fabel ist eine kurze Geschichte.
- In der Fabel handeln und reden Tiere und Pflanzen stellvertretend für Menschen.
- Die typischen menschlichen Eigenschaften und Verhaltensweisen werden kritisiert.
- Die Lehre oder Moral einer Fabel wird entweder offen ausgesprochen oder muss vom Leser selbst erschlossen werden.

Typische Merkmale von Tieren in einer Fabel:
In Fabeln tauchen sehr häufig immer wieder dieselben Tiere auf. Diese haben dann ganz bestimmte Eigenschaften und Charakterzüge.
Hier findest du eine Übersicht über einige typische Figuren aus der Fabel.
Rechts findest du einige Beispielsätze aus ganz unterschiedlichen Fabeln:

Tier	Eigenschaften
Rabe	gierig, eitel
Fuchs	listig, schlau, hinterhältig
Hase	schnell, clever, aber: überschätzt sich oft
Wolf	hinterhältig, verschlagen
Esel	gutmütig, lieb, dumm, naiv
Hund	gierig
Löwe	mächtig (König der Tiere), stark, erhaben, weise

Dem Raben taten diese Schmeicheleien so wohl, dass er seinen Schnabel weit aufsperrte, um dem Fuchs etwas vorzusingen. Dabei entfiel ihm der Käse. Den nahm der Fuchs behänd, fraß ihn und lachte über den törichten Raben.

Da lachte der Wolf und zeigte mit einem gemeinen Grinsen sein großes Gebiss.

Es lief ein Hund durch einen Wasserlauf und hatte ein Stück Fleisch im Maul. Als er aber das Spiegelbild vom Fleisch im Wasser sah, wähnte er, es wäre auch Fleisch, und schnappte gierig danach.

Martin Luther: Rabe und Fuchs. Aus: Dithmar, R. (Hrsg.): Fabeln aus drei Jahrtausenden. Zürich 1992.

Kurs 3 Fabeln untersuchen 1

Fabeln des Äsop

1 Lies die Fabel auf der rechten Seite. Was geschieht in dem Text? Fasse den Inhalt kurz mit eigenen Worten schriftlich zusammen.

____

____

____

____

____

____

____

____

ÄSOP: **Der Wolf und der Kranich**

Als ein Wolf eines Tages beim Essen war, blieb ihm ein Knochen im Halse stecken, so dass er fast erstickte. Er keuchte und würgte und heulte über das ganze Land. Er bat alle Tiere verzweifelt, ihm zu helfen, und versprach: „Wer mich rettet, bekommt eine hohe Belohnung!“

Ein Kranich, der dieses Versprechen hörte, bot seine Hilfe an. „Öffne deinen Rachen ganz weit, Wolf“, sagte er und steckte seinen langen Schnabel tief in den Schlund. Er holte den Knochen heraus und sagte: „Hier ist der Knochen, der dich gequält hat! Nun gib mir die Belohnung!“

Da lachte der Wolf und zeigte mit einem gemeinen Grinsen sein großes Gebiss. „Belohnung“, sagte er und hatte seinen schmerzenden Hals schon völlig vergessen. „Du kannst froh sein, dass ich dir nicht den Kopf abgebissen habe. Das sollte genug Belohnung für dich sein, du undankbarer Vogel!“

Aus: Irmscher, Johannes (Hrsg.): Antike Fabeln. Berlin/Weimar 1991.

2 Die Geschichte ist eine Fabel. Erkläre mithilfe der Merkmale einer Fabel, warum das so ist. Vervollständige dazu die folgenden Sätze.

Eine Fabel ist eine kurze Geschichte. Dieses Merkmal trifft auf „Der Wolf und der Kranich zu“, weil ____________________

____

____

In der Fabel handeln und reden Tiere und Pflanzen stellvertretend für Menschen. Dies sieht man in der vorliegenden Fabel z.B. bei folgender Textstelle: ____________________

____

____

Die typischen menschlichen Eigenschaften und Verhaltensweisen werden kritisiert. Die Fabel „Der Wolf und der Kranich“ kritisiert, dass viele Menschen ____________________

____

____

Kurs 3 Fabeln untersuchen 1

Die Lehre oder Moral einer Fabel wird entweder offen ausgesprochen oder muss vom Leser selbst erschlossen werden. In der Fabel „Der Wolf und der Kranich" ist es so, dass ______

______

______

3 Wölfe werden in Fabeln oft als hinterhältig beschrieben.

a) Erkläre schriftlich, warum das auch für die Fabel „Der Wolf und der Kranich" zutrifft.

______

______

______

b) Beurteile das Verhalten des Wolfes.

______

______

4 Wie verhält sich der Kranich? Beschreibe sein Verhalten mit möglichst treffenden Adjektiven.

______

______

______

5 Lies die Fabel auf der rechten Seite. Was geschieht in dem Text? Fasse den Inhalt kurz mit eigenen Worten auf einem Extrablatt zusammen.

ÄSOP: **Der Löwe und das Mäuschen**

Ein Mäuschen lief über einen schlafenden Löwen. Der Löwe erwachte und ergriff es mit seinen gewaltigen Tatzen.

„Verzeih mir", flehte das Mäuschen, „meine Unvorsichtigkeit und schenke mir mein Leben, ich will dir ewig dafür dankbar sein. Ich habe dich nicht stören wollen." Großmütig schenkte ihm der König der Tiere die Freiheit und fragte sich lächelnd: „Wie will wohl ein Mäuschen einem Löwen dankbar sein?"

Kurze Zeit darauf hörte das Mäuschen in einem Loch das fürchterliche Gebrüll eines Löwen, lief neugierig dahin, von wo der Schall kam, und fand seinen Wohltäter in einem Netz gefangen. Sogleich eilte es herzu und zernagte einige Knoten des Netzes, so dass der Löwe mit seinen Tatzen das übrige zerreißen konnte.

Selbst unbedeutende Menschen können bisweilen Wohltaten mit Wucher* vergelten, darum behandele auch den Geringsten nicht übermütig.

* reichlich

Aus: Johannes Irmscher, (Hrsg.): Antike Fabeln. Berlin/Weimar 1991.

6 Weise mithilfe der Merkmale einer Fabel nach, dass es sich bei „Der Löwe und das Mäuschen“ um eine Fabel handelt.

7 a) Beschreibe die Eigenschaften/den Charakter des Löwen mit treffenden Adjektiven.

b) Vergleiche die Eigenschaften aus Aufgabenteil a) mit den typischen Eigenschaften eines Löwen in einer Fabel.

Training 3 Fabeln untersuchen 1

1 Lies die Fabel aufmerksam durch. Welche Gedanken könnten dem Hund durch den Kopf gegangen sein, nachdem er das Fleisch verloren hat? Schreibe diese Gedanken und Gefühle in einem inneren Monolog auf einem Extrablatt nieder.

MARTIN LUTHER

Es lief ein Hund durch einen Wasserlauf und hatte ein Stück Fleisch im Maul. Als er aber das Spiegelbild vom Fleisch im Wasser sah, wähnte er, es wäre auch Fleisch, und schnappte gierig danach. Da er aber das Maul auftat, entfiel ihm das Fleisch, und das Wasser führte es weg. Also verlor er beides: Fleisch und das Spiegelbild.

Lehre: Man soll sich begnügen an dem, was Gott gibt. Wer das wenige verschmähet, dem wird das Große nicht. Wer zu viel haben will, der behält zuletzt nichts. Mancher verliert das Gewisse über dem Ungewissen.

Aus: R. Dithmar (Hrsg.): Fabeln aus drei Jahrtausenden. Zürich 1992.

2 Martin Luther (1483–1546) hat seiner Fabel keine Überschrift gegeben. Welche findest du besonders treffend?

3 Beschreibe die Eigenschaften des Hundes. Versuche, möglichst viele Adjektive zu finden.

4 Warum handelt es sich bei der Geschichte überhaupt um eine Fabel?

5 Erkläre die „Lehre" (Z. 7 ff.) der Fabel. Was meint Luther damit eigentlich?

6 Lies die gereimte Fabeln von Jean de la Fontaine. Versuche, sie auch einmal laut und möglichst ausdrucksvoll vorzulesen, vielleicht kannst du sie sogar jemandem vortragen.

JEAN DE LA FONTAINE: **Der Frosch und der Ochse**

Ein Frosch sah einen Ochsen stehn
Von mächt'gem Wuchs auf einer Wiese.
Selbst winzig wie ein Ei, wollt er vor Neid vergehn.
Groß möchte er sein wie dieser Riese!

Er bläht sich auf, wird dicker, mehr und mehr.
„He, Schwester“, ruft er, „schau mal her!“
Sag, ist es schon so weit? Ich schaff's auf jeden Fall!“
„Ach, keineswegs!“ – „Und jetzt?“ – „Nie wirst du solch ein Koloss!“
„Und jetzt?“ – „Hör auf!“ – „Und jetzt?“ – Da gab es einen Knall.
Geplatzt war er, der Gernegroß!

Es wimmelt auf der Welt von aufgeblähten Bäuchen.
Ein Schloss möchte sich erbau'n der kleinste Krämer schon,
Gesandte hielte gern sich ein Provinzbaron
Und Pagen jeder Geck, um großen Herren zu gleichen.

Jean de la Fontaine: Der Frosch und der Ochse. Aus: Der Ochse und das Harfenspiel. Berlin 1974. S. 104 f.

7 Warum ist dieses Gedicht eine Fabel? Erkläre mithilfe der dir bekannten Merkmale.

8 Welche Eigenschaften hat der Frosch, welche der Ochse?

9 Auch Menschen können „sich aufblasen“! Kennst du Beispiele? Vielleicht helfen dir die Ideen aus der letzten Strophe.

10 Schreibe die Fabel, die ja wie ein Gedicht geschrieben ist, in einen erzählten Text um. Welche Fassung gefällt dir besser?

Rechts findest du einen Auszug aus dem 144-seitigen Buch „Winzling" von Marion Dane Bauer.

11 Lies den Textauszug aufmerksam durch.

MARION DANE BAUER: **Winzling**

Silber – eine Wölfin – hat gerade einen Wurf von fünf Welpen zur Welt gebracht. Einer der fünf ist sehr klein und wird deshalb von der Mutter „Winzling" getauft.

(...) In den nächsten Wochen entdeckten Winzling und seine Geschwister langsam ihre Sinne, die Welt des Riechens, Sehens und Hörens. Ihre Augen öffneten sich. Nadelspitze Zähnchen brachen durch das rosige Zahnfleisch. Sie tranken die warme Milch ihrer Mutter und kuschelten sich zum Schlafen neben sie, wachten auf, tranken erneut und schliefen dann wieder ein. Silber verließ sie nur, wenn sie selbst trinken musste, doch auch dann war sie fast immer zurück, noch bevor die verwirrten Welpen ihre Abwesenheit bemerkt hatten.

Allmählich nahmen die Kleinen den großen schwarzen Wolf wahr, der oft in den Bau kam. Er brachte den überwältigenden Duft von Fleisch mit, das er für ihre Mutter hereinschleppte oder hochwürgte. Aber noch interessierten sich die Welpen nicht für Fleisch.

Wenn sie übereinanderkrabbelten, um an die Milch, Wärme oder zärtliche Fürsorge ihrer Mutter zu kommen, nahmen sie sich allmählich auch gegenseitig wahr. Aus dem Kriechen wurde bald ein unsicheres Gehen auf schwankenden Beinen. Dann folgten die ersten Sprünge und wenig später unbeholfene Rangeleien.

Und sie wuchsen. Ihre runden Bäuche waren ständig randvoll mit Milch, daher verdoppelten oder verdreifachten sie ihr Gewicht in einer Woche und verdreifachten es dann noch einmal in den folgenden drei Wochen. Natürlich wuchs auch Winzling, aber er blieb immer der Kleinste, viel kleiner als seine beiden Schwestern. Wenn die Welpen Ringkampf spielten, lag er ganz unten. Wenn zwei um die gleiche Zitze rangelten, wurde er immer beiseitegedrängt.

Doch er akzeptierte seine Unterlegenheit klaglos, wie es Kinder und Jungtiere tun. Er nahm auch seinen Namen hin. Seine Mutter sprach ihn so zärtlich und melodisch aus: „Winzling. Süßer Winzling. Mein lieber kleiner Winzling.“

Aus: Marion Dane Bauer: Winzling. 3. Auflage. München 2007. S. 13–14.

12 a) Wie werden die Wölfe in dem Textauszug beschrieben? Beachte auch die Beschreibung des Vaters, also des großen schwarzen Wolfes.

b) Vergleiche die Beschreibung mit der typischen Darstellung von Wölfen in einer Fabel.

13 Der Text ist keine Fabel. Erkläre, woran du das erkennen kannst.

Check ☑

3 Fabeln untersuchen 1

1 Lies die Fabel aufmerksam durch. Wie viele Tiere und Personen treten auf? Wer ist eigentlich das „Ich"?

2 Weise nach, dass es sich bei der Geschichte „Der Artist" um eine Fabel handelt.

3 Welche Eigenschaften hat der Hahn? Finde treffende Adjektive und schreibe jeweils die Zeile auf, mit der du diese Adjektive belegen kannst.

SLAWOMIR MROZEK: **Der Artist**

Der Hahn las die Anzeige: Tiere gesucht – der Zirkus. „Ich melde mich", sagte er und legte die Zeitung zusammen. „Schon immer wollte ich Artist werden."

Unterwegs spann er große Pläne: „Ruhm und Geld. Und vielleicht sogar Reisen ins Ausland." „Und zurück", fügte der Fuchs hinzu. „Warum zurück? Im Ausland werde ich einen Vertrag mit der Metro-Goldwyn-Mayer* unterschreiben."

Der Direktor empfing ihn im Freien, wo er amtierte. Gerade wurde das Zirkuszelt aufgestellt. Ich und der Fuchs blieben in der Nähe stehen. „Es freut mich sehr, dass Sie sich bei uns melden. Dürfte ich um Ihren werten Namen bitten?" „Löwe", stellte der Hahn sich kurz vor. „Löwe?" Der Direktor wunderte sich. „Sind Sie sich dessen sicher?" „Eventuell Tiger." „Nun gut. Dann brüllen Sie mal."

Der Hahn brüllte, so gut er konnte. „Naja, nicht schlecht, aber es gibt bessere Löwen als Sie ... Wenn Sie sich als Hahn verpflichten würden, wäre das etwas anderes. Dann könnte ich Sie engagieren."

„Ich denke nicht daran, Ihnen zuliebe einen Vogel vorzutäuschen", antwortete der Hahn gekränkt. „Dann auf Wiedersehen."

Auf dem Rückweg schwieg der Hahn grollend. Schließlich hielt ich das nicht mehr aus. „Was ist dir nur eingefallen, warum wolltest du den Löwen spielen?" „Warum, warum ...", antwortete der Fuchs für ihn. „Hast du je einen Artisten ohne Ehrgeiz gesehen?"

* amerikanische Filmgesellschaft

Aus: Slawomir Mrozek: Mein unbekannter Freund. Diogenes Verlag AG. Zürich 1999.

4 Am Ende antwortet der Fuchs für den Hahn. Welche Antwort würde der Hahn wohl geben?

Meine Kompetenzen

Was ich kann:	Ja	Nein, nochmals üben, siehe	
Die Merkmale einer Fabel kennen.			Seite 32
Erklären, warum es sich bei einem Text um eine Fabel handelt oder nicht.			Seite 32; S. 33: A 2; S. 35: A 6; S. 36: A 4; S. 37: A 7; S. 39: A 13
Den Inhalt einer Fabel mit eigenen Worten erzählen können.			Seite 33: A 1; S. 34: A 5
Die typischen Eigenschaften von bestimmten Tierarten in einer Fabel benennen.			Seite 32
Die Eigenschaften (also den Charakter) eines Tieres in einer Fabel mit Adjektiven benennen.			Seite 32; S. 34: A 4; S. 35: A 7; S. 36: A 3; S. 37: A 8; S. 39: A 12

Wissen

4 Fabeln untersuchen 2

Der Aufbau einer Fabel

In **Einheit 3** hast du schon viel über Fabeln gelernt. In diesem Kapitel kommen nun noch **zwei wichtige Bausteine** hinzu:

- der Aufbau einer Fabel
- die Lehre/Moral einer Fabel

(Fast) jede Fabel ist nach einem bestimmten Muster aufgebaut:

1. Ausgangssituation, Einleitung
2. Eine der Hauptfiguren (zumeist ein Tier) handelt = Aktion.
3. Die andere Hauptfigur (ebenfalls fast immer ein Tier) reagiert auf die Handlung = Reaktion.
4. Die beiden Handlungen (2. und 3.) führen zu einem Ergebnis.
5. Manchmal wird die Lehre/Moral am Ende konkret formuliert (= direkte Lehre), in anderen Fabeln fehlt dieser Teil und die Lehre/Moral muss selbst erschlossen werden (= indirekte Lehre).

Die Lehre einer Fabel

Jede Fabel wird geschrieben, damit der Leser etwas daraus lernen kann. Mit einer Geschichte aus der Tierwelt soll falsches Verhalten der Menschen kritisiert werden; die Fabel zeigt beispielhaft, welche Konsequenzen Fehlverhalten haben kann. Die Lehre ist manchmal **direkt**, d. h. sie wird konkret formuliert, oft ist die Lehre aber **indirekt**, d. h. der Leser muss sie sich selbst erschließen (wie oben bei „Der Wolf und der Kranich").
Die Lehre einer Fabel kennt man oft auch aus Sprichwörtern, z. B. „Der Klügere gibt nach." oder

„Wer zuletzt lacht, lacht am besten."

ÄSOP: Der Wolf und der Kranich

Als ein Wolf eines Tages beim Essen war, blieb ihm ein Knochen im Halse stecken, so dass er fast erstickte. Er keuchte und würgte und heulte über das ganze Land. Er bat alle Tiere verzweifelt, ihm zu helfen, und versprach: „Wer mich rettet, bekommt eine hohe Belohnung!"

Ein Kranich, der dieses Versprechen hörte, bot seine Hilfe an. „Öffne deinen Rachen ganz weit, Wolf", sagte er und steckte seinen langen Schnabel tief in den Schlund. Er holte den Knochen heraus und sagte: „Hier ist der Knochen, der dich gequält hat! Nun gib mir die Belohnung!"

Da lachte der Wolf und zeigte mit einem gemeinen Grinsen sein großes Gebiss. „Belohnung", sagte er und hatte seinen schmerzenden Hals schon völlig vergessen. „Du kannst froh sein, dass ich dir nicht den Kopf abgebissen habe. Das sollte genug Belohnung für dich sein, du undankbarer Vogel!"

Aus: Irmscher, Johannes (Hrsg.): Antike Fabeln. Berlin/Weimar 1991.

Aufbau:

Z. 1–2: Ausgangssituation
Z. 2–5: Aktion des Wolfes
Z. 6–11: Reaktion des Kranichs
Z. 12–Ende: Ergebnis der Handlung

Die Lehre/Moral wird in dieser Fabel nicht genannt, der Leser muss sie selbst herausfinden/sich überlegen.

Wissen 

Wie erschließt man die Lehre / Moral?

Stelle dir die folgenden Fragen:

- Wessen Verhalten wird kritisiert?
- Welche Eigenschaft dieses Tieres wird kritisiert?
- Was hätte das Tier anders machen sollen?
- Was kann ich als Mensch daraus lernen?
- Gibt es vielleicht ein Sprichwort, das diese Lehre auch aussagt?

Für die Fabel „Der Wolf und der Kranich" könntest du die folgenden Antworten finden:

→ Der Wolf wird kritisiert.

→ Er ist nicht dankbar und hält sein Versprechen nicht ein.

→ Er hätte sich bedanken und zu seinem Wort stehen sollen.

→ Ich muss es anerkennen, wenn andere mir geholfen haben. Viele Menschen sind sehr undankbar und sehen nicht, wenn andere etwas für sie getan haben.

→ Undank ist der Welt Lohn.

Kurs 

4 Fabeln untersuchen 2

MARTIN LUTHER: Rabe und Fuchs

Ein Rabe hatte einen Käse gestohlen, flog damit auf einen Baum und wollte dort seine Beute in Ruhe verzehren. Da es aber der Raben Art ist, beim Essen nicht schweigen zu können, hörte ein vorbeikommender Fuchs den Raben über dem Käse krächzen. Er lief eilig hinzu und begann den Raben zu loben: „O Rabe, was bist du für ein wundervoller Vogel! Wenn dein Gesang ebenso schön ist wie dein Gefieder, dann sollte man dich zum König aller Vögel krönen!“

Dem Raben taten diese Schmeicheleien so wohl, dass er seinen Schnabel weit aufsperrte, um dem Fuchs etwas vorzusingen. Dabei entfiel ihm der Käse. Den nahm der Fuchs behänd, fraß ihn und lachte über den törichten Raben. Hüte dich vor Schmeichlern.

Aus: R. Dithmar (Hrsg.): Fabeln aus drei Jahrtausenden. Zürich 1992.

1 Erzähle mit eigenen Worten nach, was dem Raben passiert ist.

2 Untersuche den Aufbau der Fabel. Finde die fünf typischen Abschnitte der Fabel (vgl. S. 42).

3 Warum handelt es sich bei der Geschichte um eine Fabel? Erkläre mithilfe der Merkmale einer Fabel, die du in Einheit 3 (vgl. S. 32) kennengelernt hast.

4 Welche Eigenschaften haben der Fuchs und der Rabe?

5 Wer ist deiner Meinung nach der „Gewinner“ in der Fabel? Begründe deine Antwort.

Kurs

4 Fabeln untersuchen 2

6 Erkläre den letzten Satz der Fabel. Fällt dir ein Beispiel aus deinem Alltag ein, in dem die Lehre auch gegolten hat?

Diese Fabel rechts hast du vielleicht schon in Einheit 3 bearbeitet. Mit dem Wissen aus Einheit 4 kannst du aber noch weitere Aufgaben lösen.

ÄSOP: Der Löwe und das Mäuschen

Ein Mäuschen lief über einen schlafenden Löwen. Der Löwe erwachte und ergriff es mit seinen gewaltigen Tatzen.

„Verzeih mir“, flehte das Mäuschen, „meine Unvorsichtigkeit und schenke mir mein Leben, ich will dir ewig dafür dankbar sein. Ich habe dich nicht stören wollen.“ Großmütig schenkte ihm der König der Tiere die Freiheit und fragte sich lächelnd: „Wie will wohl ein Mäuschen einem Löwen dankbar sein?“

Kurze Zeit darauf hörte das Mäuschen in einem Loch das fürchterliche Gebrüll eines Löwen, lief neugierig dahin, von wo der Schall kam, und fand seinen Wohltäter in einem Netz gefangen. Sogleich eilte es herzu und zernagte einige Knoten des Netzes, so dass der Löwe mit seinen Tatzen das übrige zerreißen konnte.

Selbst unbedeutende Menschen können bisweilen Wohltaten mit Wucher * vergelten, darum behandele auch den Geringsten nicht übermütig.

* reichlich

Aus: Johannes Irmscher (Hrsg.): Antike Fabeln. Berlin/Weimar 1991.

7 Untersuche den Aufbau der Fabel. Finde die typischen Abschnitte einer Fabel.

8 Welches Verhalten wird hier gelobt?

9 Wie lautet die Moral der Fabel? Kannst du sie an einem Beispiel aus deinem Alltag anschaulich erklären?

1 In der Fabel „Der Affe und der Löwe" wurden die letzten vier Zeilen weggelassen. Was glaubst du, wie geht die Geschichte aus? Wie reagiert der Löwe auf den hinkenden Affen? Verwende ein Extrablatt.

Vergleiche deine Lösung mit dem Originaltext im Lösungsteil (s. S. L 11). Gehe erst dann zu den weiteren Aufgaben über, weil sie die Kenntnis des gesamten Textes voraussetzen.

GOTTLIEB KONRAD PFEFFEL: **Der Affe und der Löwe**

Der Löwe brach ein Bein. Man rief
Den Doctor Fuchs, ihn zu kurieren;
Doch alles Drehen, Schindeln, Schmieren
Half nichts; das Bein blieb lahm und schief.
Um den Monarchen zu hofieren,
Erschien sein erster Hofpoet,
Ein Affe, der gar schlau sich dünkte,
Einst in der Residenz und hinkte
So arg als seine Majestät.
„Wie?", sprach der Fürst ergrimmt zum Gecken,
„Ich glaube gar, du willst mich necken."
„Ich?", lallte Matz. „Behüte Gott!
Mich trieb die schönste meiner Pflichten,
Als treuer Knecht, als Patriot,
Nach deinem Vorbild mich zu richten."

Aus: R. Dithmar (Hrsg.): Fabeln aus drei Jahrtausenden. Zürich 1992. S. 191.

2 Untersuche den Aufbau der Fabel.

3 Warum wird der Löwe zornig? Was missfällt ihm am Verhalten des Affen?

4 Findest du es gerecht, wie der Löwe mit dem Affen umgeht?

5 Formuliere die Moral aus dieser Fabel. Was kann ich aus der Geschichte lernen?

Gehe nochmals in die Einheit 3. Dort findest du zwei Fabeln, die du nun nochmals bearbeiten sollst:

Jean de la Fontaine:
Der Frosch und der Ochse (S. 37)

6 Untersuche den Aufbau der Fabel.

7 Welches Verhalten wird hier kritisiert?

8 Formuliere die Moral/die Lehre aus dieser Fabel mit eigenen Worten.

Slawomir Mrozek: Der Artist (S. 40)

9 Untersuche den Aufbau der Fabel.

10 Welches Verhalten wird hier kritisiert?

11 Formuliere die Moral / die Lehre aus dieser Fabel.

Zwei sehr kurze Fabeln

W. LIEBCHEN: **Festhalten**

In der Mulde einer Mauerspalte entdeckte ein Affe eine Nuss. Gleich schob er seine flache Hand durch diese Enge, und glücklich hielt er bald die Nuss in seiner Faust. Doch durch den Spalt ließ sich die Faust nicht ziehen. Sie aber öffnen, hieße jetzt Verzicht. Was er erreicht hat, wieder aufzugeben, auf den Gedanken kam er nicht. Festhaltend, hielt ihn die Mauer fest – bis er verhungert war.

Aus: W. Liebchen: Die Fabel heute. Rhön-Grabfeld 1992. S. 16.

12 Der Aufbau der Fabel ist nicht ganz typisch. Was ist ungewöhnlich und unterscheidet die Geschichte „Festhalten" von Fabeln, die du bisher kennengelernt hast?

13 Warum verzichtet der Affe wohl nicht auf die Nuss?

14 Was geht dem Affen durch den Kopf, nachdem er bemerkt hat, dass die Faust nicht durch den Spalt passt? Schreibe einen inneren Monolog.

15 Formuliere die Moral der Fabel.

W. LIEBCHEN: **Tagträume**

Die Tanne träumte von Karriere und hoffte auf morgen. Heraus wollte sie aus dem Alltag des Waldes. Und es geschah, dass sie entwurzelt und verladen wurde. Sie bekam einen Preis und wurde auf dem Markt verkauft. Reich staffierte sie der Käufer aus und ließ sie abends in ihrem feierlichen Glanz als Weihnachtsbaum bewundern. Das war so herrschaftlich, dass sie sich ihrer Herkunft schämte. Sie träumte von morgen und war auf das Schönste bedacht. Am nächsten Tag verlor sie ihre Nadeln. Gleich riss der Herr den Schmuck von ihren Zweigen und warf sie auf die Straße. Sie hoffte und träumte, träumte von gestern und morgen. Heute, das war ihr zu gewöhnlich.

Aus: W. Liebchen: Die Fabel heute. Rhön-Grabfeld 1992. S. 13.

16 Die Haupt„person“ dieser Fabel ist kein Tier, sondern eine Pflanze. Auch der Aufbau der Fabel ist etwas ungewöhnlich. Vergleiche den Aufbau mit dem Schema, das du am Anfang dieser Einheit kennengelernt hast.

17 Warum ist die Tanne unglücklich? Wie mag ihr bisheriges Leben verlaufen sein?

18 Kannst du die Tanne verstehen? Hast du schon einmal ähnliche Träume gehabt? Wenn ja, welche?

19 Formuliere die Moral der Fabel.

Eine eigene Fabel schreiben – die Fabelwerkstatt

Nun hast du sehr viele Fabeln kennengelernt und bearbeitet. Es ist an der Zeit, einmal selbst eine Fabel zu schreiben.

1 **Wähle die Tiere aus, die in deiner Fabel auftreten. Suche am besten Gegenspieler, die in der Geschichte einen Konflikt miteinander haben.**

Mögliche Tiere:
Frosch – Hund – Fuchs – Löwe – Rabe – Wolf – …

2 **Wähle nun ein Thema aus, das du in der Fabel behandeln möchtest. Welche Lehre/Moral soll dem Leser vermittelt werden?**

Mögliche Lehren:
Wer anderen eine Grube gräbt, fällt selbst hinein.
Wer zuletzt lacht, lacht am besten.
Wenn zwei sich streiten, freut sich der Dritte.
Hochmut kommt vor dem Fall.
Lügen haben kurze Beine.
…

3 **Verfasse nun deine Fabel.**

4 Überprüfe deine Fabel mit der Checkliste.

Fabelcheckliste:

- Ist der Text überhaupt eine Fabel, d.h. erfüllt er die Merkmale einer Fabel (kurz, Tiere als Akteure, Lehre am Ende)?
- Ist der Text wie eine Fabel aufgebaut (Ausgangssituation, Aktion, Reaktion, Ergebnis der Handlung, direkte/indirekte Lehre/Moral)?
- Haben die Tiere die Charaktereigenschaften, die für ihre Art typisch sind?

Meine Kompetenzen

Was ich kann:	Ja	Nein, nochmals üben, siehe	
Den typischen Aufbau einer Fabel kennen.			Seite 42
Den typischen Aufbau in einer Fabel wiedererkennen und die Fabel in die Abschnitte gliedern.			Seite 42; S. 44: A 2; S. 45: A 7; S. 46: A 2; S. 47: A 6; S. 48: A 9 u. 12
Leitfragen stellen, um mich der Lehre/Moral der Fabel anzunähern.			Seite 43
Die Moral einer Fabel herausfinden und als Aussage formulieren.			Seite 47: A 5 u. 8; S. 48: A 11; S. 49: A 15; S. 50: A 19
Die Moral einer Fabel auf mein Alltagsleben übertragen, also z. B. an einem Beispiel erklären.			Seite 45: A 6 u. 9